Schiedsgericht für Oberschlesien

Trybunał Rozjemczy dla Górnego Slaska

Amtliche Sammlung

von Entscheidungen des Schiedsgerichts für Oberschlesien, veröffentlicht gemäß der Bestimmung des Art. 592 des Genfer Abkommens vom 15. Mai 1922

Band I. Nr. 1/2

Zbiór urzędowy

orzeczeń Trybunału Rozjemczego dla Górnego Śląska ogłoszony wedle postanowienia art. 592 Konwencji Genewskiej z dnia 15 maja 1922 r

Tom I. Nr. 1/2

Berlin und Leipzig 1929

Walter de Gruyter & Co.

vormals G. J. Göschen'sche Verlagshandlung - J. Guttentag, Verlagsbuchhandlung - Georg Reimer - Karl J. Trübner - Veit & Comp.

Art. 592 des deutsch-polnischen Abkommens über Oberschlesien vom 15. Mai 1922 lautet:

Art. 592 polsko-niemieckiej Konwencji Górnośląskiej z dnia 15 maja 1922 r. opiewa:

1. Le Tribunal arbitral publie ses sentences dans un recueil officiel en allemand et en polonais, lorsqu'elles sont d'un réel intérêt jurisprudentiel.

2. Si, dans une affaire relative à la Haute Silésie, un tribunal ou une autorité administrative veut déroger à une sentence ainsi publiée, ce tribunal ou cette autorité administrative devra soumettre la question à la décision du Tribunal arbitral avec l'exposé de ses raisons. La sentence du Tribunal arbitral lie le tribunal ou l'autorité intéressée.

1. Das Schiedsgericht veröffentlicht seine Entscheidungen, soweit sie von grundsätzlicher Bedeutung sind, in einer amtlichen Sammlung in deutscher und in polnischer Sprache.

2. Wollen Gerichte oder Verwaltungsbehörden in einer Oberschlesien betreffenden Angelegenheit von einer veröffentlichten Entscheidung abweichen, so haben sie die Angelegenheit unter Darlegung ihrer Gründe dem Schiedsgerichte zur Entscheidung vorzulegen. Die Entscheidung des Schiedsgerichts ist für sie bindend.

Trybunał Rozjemczy publikuje swe orzeczenia w urzędowym Zbiorze w języku niemieckim i polskim, jeżeli dotyczą one zasadniczych kwestji prawnych.

2. Jeżeli w jakiejś sprawie dotyczącej Górnego Śląska, sąd lub władza administracyjna chce odbiec od orzeczenia w powyższy sposób opublikowanego, to sąd lub władza administracyjna winny przedłożyć kwestję do rozstrzygnięcia Trybunałowi Rozjemczemu, z podaniem swych argumentów. Orzeczenie Trybunału Rozjemczego obowiązuje odnośny sąd lub władzę.

1. Steiner & Groß gegen den Polnischen Staat.

Klage von Tabakfabrikanten wegen Schadensersatzes infolge Schließung der Betriebe aus Anlaß der Einführung des Tabakmonopols.

Entscheidung über die Zuständigkeit des Schiedsgerichts für Oberschlesien für Klagen von Staatsangehörigen gegen den eigenen Staat, sowie für Klagen von Staatsangehörigen dritter Staaten gegen einen der vertragschließenden Staaten wegen Schadensersatzes für Verletzung von erworbenen Rechten.

Unmittelbarkeit der Zuständigkeit des Schiedsgerichts auf Grund des Art. 5 des Genfer Abkommens.

Entscheidung vom 30. März 1828 — C 7/27:

Die Einrede des Polnischen Staates, daß das Schiedsgericht für Oberschlesien für die Entscheidung über die gegen den Polnischen Staat gerichtete Klage nicht zuständig sei,

1. weil der Kläger Groß die polnische Staatsangehörigkeit und der Kläger Steiner die tschechoslowakische Staatsangehörigkeit besitzt,
2. weil die Kläger nicht die Landesinstanzen erschöpft haben,

ist unbegründet.

Tatbestand.

Die Kläger haben mittels Klage einen Entschädigungsanspruch von 250000 Schweizer Franken auf Grund des Art. 4 § 2 Abs. 3 des deutsch-polnischen Abkommens über Oberschlesien vom 15. Mai 1922 (in dem folgenden Genfer Abkommen genannt) erhoben, weil infolge Einführung des polnischen Tabakmonopolgesetzes die von ihnen unter der Firma A. Bielski & Co. in Kattowitz betriebene Tabakfabrik am 15. August 1924 geschlossen und sie dadurch in ihren bei Übergang der Staatshoheit bestehenden Rechten verletzt worden seien.

1. Steiner i Gross przeciw Państwu Polskiemu.

Skarga fabrykantów tytoniowych o odszkodowanie z powodu zamknięcia fabryk wskutek wprowadzenia polskiej ustawy o monopolu tytoniowym.

Orzeczenie dotyczące właściwości Trybunału Rozjemczego dla Górnego Śląska dla rozstrzygnięcia skarg obywateli przeciw Państwu własnemu, jakoteż skarg obywateli Państw trzecich przeciw jednemu z Państw kontraktujących o odszkodowanie z powodu naruszenia praw nabytych. Bezpośrednia właściwość Trybunału Rozjemczego na zasadzie artykułu 5 Konwencji Genewskiej.

Orzeczenie z dnia 30 marca 1928 r. — C 7/27:

Zarzut Państwa Polskiego, że Trybunał Rozjemczy dla Górnego Śląska nie jest właściwym dla rozstrzygnięcia skargi niniejszej przeciw Państwu Polskiemu ponieważ:
1) powód Gross jest obywatelem polskim,
a powód Steiner obywatelem czechosłowackim,

2) powodowie nie wyczerpali instancji krajowych
nie jest uzasadniony.

Stan faktyczny.

Powodowie dochodzą w drodze skargi roszczenia o odszkodowanie w kwocie 250 000 franków szwajcarskich na zasadzie ust. 3 § 2 artykułu 4 polsko-niemieckiej Konwencji Górnośląskiej z dnia 15-go maja 1922 r. (zwanej niżej Konwencją Genewską) z powodu zamknięcia dnia 15-go sierpnia 1924 r. wskutek wprowadzenia polskiej ustawy o monopolu tytoniowym ich fabryki tytoniu, prowadzonej pod firmą A. Bielski i Ska. w Katowicach, i naruszenia przez to ich praw, które posiadali w chwili przejścia suwerenności.

Der Polnische Staat hat die Abweisung der Klage beantragt und zunächst im schriftlichen Verfahren unter Berufung auf eine von den Klägern ausgestellte Urkunde vom 6. 11. 1922 geltend gemacht, daß die Kläger durch die in der Urkunde abgegebene Erklärung auf jeden Anspruch gegen den Polnischen Staat und die Wojewodschaft Schlesien aus Anlaß der Einführung des polnischen Tabakmonopolgesetzes und der Schließung ihres Betriebes verzichtet hätten, und er hat ferner die Klageberechtigung der Kläger bestritten, da sie erst nach dem Übergange der Staatshoheit in die Firma A. Bielski & Co. eingetreten seien.

Erst nach Abschluß des schriftlichen Verfahrens hat der Polnische Staat die Einrede der Unzuständigkeit des Schiedsgerichts erhoben und diese insbesondere in zwei Denkschriften, die mit dem Schriftsatz vom 4. 1. 1928 überreicht worden sind, ausführlich begründet.

Die Einrede geht dahin:

1. da die Klage eines Staatsangehörigen der beiden vertragschließenden Teile gegen den eigenen Staat sowie die Klage eines Staatsangehörigen eines Staates, der am Genfer Abkommen nicht Teil genommen hat, gegen einen der vertragschließenden Teile bei dem Schiedsgericht für Oberschlesien unzulässig sei, sei das Schiedsgericht zur Entscheidung dieser Klage unzuständig (ratione personae), weil der Kläger Steiner die tschechoslowakische, der Kläger Groß die polnische Staatsangehörigkeit besitze,

2. die Erhebung der vorliegenden Klage beim Schiedsgericht vor Erschöpfung der Landesinstanzen sei unzulässig (ratione ordinis).

Diese Einreden werden im wesentlichen, wie folgt, begründet:

Art. 4 des Abkommens führe unstreitig in dieses Abkommen den Grundsatz des Schutzes der vor dem Wechsel der Staatshoheit erworbenen Rechte ein. § 1 des Art. 4 bestimme, daß der Schutz der erworbenen Rechte stattfinde „en conformité des lois relatives aux dits droits et des dispositions qui vont suivre“, wobei § 2 des Art. 4 eine ganze Reihe der geschützten

Państwo Polskie złożyło wniosek o oddalenie skargi, a powołując się w postępowaniu pisemnem na dokument z dnia 6 listopada 1922 r., wystawiony przez powodów, zarzuciło przedewszystkiem, że powodowie, jak to wynika z oświadczenia, zawartego w tym dokumencie, zrzekli się wszystkich roszczeń do Państwa Polskiego i do Województwa Śląskiego zarówno z tytułu wprowadzenia polskiej ustawy o monopolu tytoniowym jak też z tytułu zamknięcia ich fabryki; podniosło dalej zarzut braku czynnej legitymacji powodów, albowiem wstąpili oni do firmy A. Bielski i Ska. dopiero po przejściu suwerenności.

Dopiero po ukończeniu postępowania pisemnego Państwo Polskie podniosło zarzut niewłaściwości Trybunału Rozjemczego i uzasadniło zarzut ten szczegółowo w dwóch memorjałach, wniesionych pismem z dnia 4 stycznia 1928 r.

Zarzut ten streszcza się w tem:

1) Ponieważ wystąpienie ze skargą przed Trybunałem Rozjemczym dla Górnego Śląska przez obywatela układających się Stron przeciw własnemu Państwu niemniej przez obywatela Państwa nie biorącego udziału w zawarciu Konwencji Genewskiej przeciw jednej z układających się Stron nie jest dopuszczalne, dlatego też Trybunał Rozjemczy dla Górnego Śląska dla rozstrzygnięcia niniejszej skargi nie jest właściwym, (ratione personae) albowiem powód Gross jest obywatelem polskim zaś powód Steiner obywatelem czechosłowackim,
2) wniesienie niniejszej skargi do Trybunału Rozjemczego nie jest dopuszczalne (ratione ordinis), albowiem powodowie nie wyczerpali instancji krajowych.

Istotne uzasadnienie tych zarzutów jest następujące:

Art. 4 wprowadza do Konwencji Genewskiej niewątpliwie zasadę ochrony praw nabytych przed zmianą suwerenności. Paragraf 1 art. 4 postanawia, że ochrona praw nabytych odbywać się będzie „en conformité des lois relatives aux dits droits et des dispositions qui vont suivre“ przyczem § 2 artykułu 4 wymienia cały szereg praw chro-

Rechte aufzähle. Welches Recht somit erworben und geschützt sei und was dessen Inhalt sei, darüber entscheide im allgemeinen die Landesgesetzgebung, wobei eine Reihe geschützter Rechte in dem Abkommen ausdrücklich angeführt sei.

Art. 5 führe Sanktionen des Schiedsgerichts für Oberschlesien im Falle der Verletzung erworbener Rechte ein und bestimme, daß diese Sanktion den Charakter einer Indemnität d. i. einer geldlichen Entschädigung haben solle (conf. arrêt nr. 9 C. P. J. I. S. 28). Der Art. 5 bestimme auch die Form, in welcher sie realisiert werden solle, nämlich im Wege eines Arbitrageverfahrens.

Darüber hinaus enthalte jedoch Art. 5 eine ungemein wichtige Bestimmung und zwar überlasse er, trotz der schon vorangegangenen Regelung, die Entscheidung, ob und in welchem Umfange die Sanktion zu erfolgen habe, dem Schiedsgericht. Der Art. 5 spreche ausdrücklich von „question de savoir si et dans quelle mesure une indemnité doit être payée par l'Etat". Wenn nun bereits vorher unter Bezugnahme auf die Landesgesetzgebung bestimmt worden sei, welche Rechte geschützt werden sollten, und wenn der allgemeine Grundsatz zum Ausdruck gebracht worden sei, daß ihre Verletzung volle Verantwortlichkeit nach sich ziehe, so sei es auffällig, daß die Entscheidung der Frage, ob und welches die Verantwortlichkeit sein solle, dem Schiedsgericht unterstellt werde. Man könne nicht annehmen, daß der Art. 5 eine bloße Wiederholung des schon im § 2 des Art. 4 ausgedrückten Grundsatzes der vollen Entschädigung sei. In diesem Falle wäre nämlich der Ausdruck question unverständlich. Es könne nicht von einer question die Rede sein, wenn etwas eben erst geregelt worden sei. Man könne auch nicht annehmen, daß ein derart störender Redaktionsfehler begangen worden sei, daß zwei aufeinander folgende Artikel des Abkommens eine bloße Wiederholung enthielten. Eher sei das Gegenteil anzunehmen, daß man die Entscheidung der Frage, ob und in welchem Umfange die Entschädigung gezahlt werden solle, mit voller Absicht dem Schiedsgericht übertragen habe.

Aus den Verhandlungsprotokollen vom 23. Februar und 6. März 1922 der X. und der XII. Unterkommission der Genfer

nionych. Jakie tedy prawo jest nabyte i chronione i jaka jego jest treść, o tem decyduje ogólnie ustawodawstwo krajowe, przyczem szereg praw chronionych jest w Konwencji wyraźnie wymienionych.

Art. 5 wprowadza sankcje Trybunału Górnośląskiego w razie naruszenia praw nabytych oraz postanawia, że sankcja ma nabierać naturę indemnité t. j. odszkodowania pieniężnego (conf. arrêt nr. 9 C. P. J. J. str. 28). Art. 5 określa zarazem formę w jakiej ona ma być zrealizowaną, mianowicie w drodze procedury arbitrażowej.

Pozatem jednak art. 5 zawiera niezwykle ważne postanowienie, a mianowicie pozostawia on orzecznictwu Trybunału, mimo poprzedniego już unormowania, decyzję, czy i w jakim rozmiarze sankcja ma nastąpić. Artykuł 5 mówi wyraźnie o „question de savoir si et dans quelle mesure une indemnité doit être payée par l'État". Jeżeli więc poprzednio, powołując się na ustawodawstwo krajowe, określono, jakie prawa doznają ochrony, i skoro ogólnie wyrażono zasadę, że ich naruszenie pociąga za sobą pełną odpowiedzialność, uderzającem jest, że poddano orzecznictwu Trybunału kwestję, czy i jaką ma być odpowiedzialność. Nie można przypuszczać, żeby artykuł 5 stanowił proste powtórzenie zasady należenia się pełnego odszkodowania, wyrażonej już w § 2 artykułu 4. W takim razie wyraz question byłby niezrozumiały. Nie może być mowy o „question", jeżeli coś dopiero zostało uregulowane. Nie można również przypuszczać, że popełniono tak rażący błąd redakcyjny, aby w dwóch po sobie następujących artykułach Konwencji umieszczać zwyczajne powtórzenie. Raczej przeciwnie należy sądzić, iż oddanie w ręce Trybunału decyzji nad pytaniem, czy i w jakim rozmiarze odszkodowanie należy zapłacić, nastąpiło świadomie i umyślnie.

Z protokułów obrad z dnia 23 lutego i z dnia 6 marca 1922 r. X i XII. Podkomisji Konferencji Genewskiej okazuje

Konferenz ergebe sich, daß zwischen den Verhandelnden keine Einigkeit darüber bestanden habe, ob ein Staatsbürger gegen den eigenen Staat eine Klage beim Schiedsgericht einbringen könne, und ob im Falle eines Rechtsstreites zwischen Staatsangehörigen desselben Staates der Streitfall im Wege der Evokation vor das Schiedsgericht gebracht werden könne. Um dieser Streitfrage auszuweichen, habe man im Art. 5 des Abkommens eine neutrale Formel gewählt und das Klagerecht dem „ayant droit" zugesprochen. Wer dieser „ayant droit" sein solle, d. h. wem das formelle Klagerecht zustehe, sei nicht zum Ausdruck gebracht worden, sondern man habe diese Frage der Rechtsprechung überlassen. Eine solche, die Entscheidung einer strittigen Rechtsfrage hinausschiebende Regelung, die den Zweck habe, den vertragschließenden Teilen ohne Aufgeben ihres Rechtsstandpunktes das Zustandekommen eines Abkommens zu ermöglichen, sei in der Diplomatie keine Seltenheit. Ein Beispiel hierfür sei Art 305 des Versailler Friedensvertrages.

Um die sonach unentschieden gebliebene Frage lösen zu können, müsse man die allgemeinen Grundsätze des Genfer Abkommens sowie die Grundsätze des Völkerrechtes heranziehen.

Der Umstand, daß es im Genfer Abkommen an einer ausdrücklichen Bestimmung fehle, die die Staatsangehörigen des beklagten Staates vom Klagerechte ausschließe, spreche ebenso wie die wirtschaftliche Einheit Oberschlesiens für die Zulässigkeit der Klagen von Staatsbürgern gegen den eigenen Staat., Die erste Erwägung wäre aber nur dann von Bedeutung, wenn die Zulässigkeit solcher Klagen einem Grundsatze des allgemeinen Völkerrechtes entspräche. Dies treffe jedoch nicht zu. Die zweite Erwägung komme deshalb nicht in Betracht, weil die wirtschaftliche Einheit Oberschlesiens in anderen Teilen des Abkommens, die sich unmittelbar auf das wirtschaftliche Leben bezögen, gewährleistet werde. Insofern erworbene Rechte in Frage kommen, könnten allerdings die Vertragsstaaten ein berechtigtes Interesse an dem Schutz der Rechte der eigenen Staatsangehörigen auf dem Gebiet des anderen Staates haben, es sei jedoch nicht verständlich, welches Interesse die Staaten

się, że Strony umawiające się różniły się w swych poglądach co do kwestji, czy obywatel może występywać przeciw własnemu Państwu ze skargą do Trybunału Rozjemczego i czy w razie sporu między obywatelami tego samego Państwa można spór doprowadzić w drodze ewokacji do Trybunału Rozjemczego. Aby ominąć tę kwestję sporną, wybrano w art. 4 i 5 formułkę neutralną i przyznano prawo skargi osobie „l'ayant droit". Kto zaś jest owym „ayant droit" t. j. kto posiada formalne prawo skargi, tego w Konwencji nie wyrażono, pozostawiając tę kwestję otwartą dla orzecznictwa. Takie załatwienie, odraczające rozstrzygnięcie spornej kwestji prawnej na czas późniejszy, aby układającym się Stronom umożliwić zawarcie Konwencji bez porzucenia zasadniczego stanowiska prawnego, nie jest zjawiskiem rzadkiem w dyplomacji. Jako przykład można wskazać na art. 305 Traktatu Wersalskiego.

Aby tedy rozstrzygnąć ową kwestję nierozstrzygniętą, należy oprzeć się na ogólnych zasadach Konwencji Genewskiej oraz na zasadach prawa międzynarodowego.

Za tezą o dopuszczalności skarg obywateli przeciwko własnemu Państwu przemawia okoliczność, że w Konwencji Genewskiej niema wyraźnego przepisu, któryby wykluczał obywateli pozwanego Państwa od prawa skargi oraz łączność gospodarcza Górnego Śląska. Pierwszy argument miałby tylko wtedy znaczenie, gdyby dopuszczalność takich skarg była zasadą ogólnego prawa międzynarodowego. Takiej zasady jednak niema. Drugi argument dlatego nie wchodzi w rachubę, ponieważ łączność gospodarcza Górnego Śląska jest zagwarantowaną w innych działach Konwencji, regulujących życie gospodarcze bezpośrednio. O ile chodzi o prawa nabyte, to niewątpliwie oba Państwa układające się mogły mieć uzasadniony interes w ochronie praw obywateli własnych na obszarze drugiego Państwa, trudno jednak zrozumieć, jakiby interes mogly mieć oba Państwa w ochronie praw obywateli drugiego Państwa a to tem więcej, że nie chodzi

am Schutze der Rechte der Staatsangehörigen des anderen Staates hätten, zumal es sich hier nicht um den Schutz der durch andere Vorschriften gewährleisteten Rechte der Minderheiten, noch um die Aufrechthaltung des am Tage der Teilung geltenden Rechts handle.

Der Grundsatz der Unzulässigkeit von Klagen gegen den eigenen Staat sei auch die wohl ausnahmslos vertretene Ansicht im Schrifttum des Völkerrechts sowie in der Rechtsprechung der Gemischten Schiedsgerichtshöfe.

Wenn man annähme, daß der Ausdruck „l' ayant droit" in Art. 5 des Abkommens nicht nur den in materiellrechtlicher Bedeutung Berechtigten, sondern auch den Berechtigten in formellrechtlicher Beziehung bezeichnen wolle, so würde diese Annahme dazu führen, daß auch ein Berechtigter, der weder die deutsche noch die polnische sondern z. B. die französische oder italienische Staatsangehörigkeit besitze, als Kläger auftreten könne und so einer Justiz unterstellt würde, an der sein Staat weder durch die Person des Schiedsrichters noch des Staatsvertreters teilnähme. Eine solche Lage würde aber die Rechte des dritten Staates arg verletzen. Das Groteske dieser Lage werde noch deutlicher, wenn erwogen werde, daß nach der allgemeinen Theorie Einzelpersonen überhaupt nicht als Rechtssubjekte im Völkerrechte auftreten könnten.

Auch die Bestimmung der Ziff. 1 des § 2 des Art. 4, die lautet:

„Des mesures prises en dehors de la législation générale seront inadmissibles, si elles ne sont pas applicables aux ressortissants de l'État qui les prend".

(„Maßnahmen außerhalb der allgemeinen Gesetzgebung sind unzulässig, wenn sie nicht auch auf die eigenen Staatsangehörigen Anwendung finden"),

könne mit dem Grundsatze, daß der Art. 4 sich auf die eigenen Staatsangehörigen beziehe, nicht in Übereinstimmung gebracht werden.

Die Einführung von Maßnahmen der allgemeinen Gesetzgebung, die den eigenen Staatsbürgern gegenüber angewendet werden, hätte für die Beurteilung der Frage, ob eine Ver-

tu o ochronę praw mniejszości, zagwarantowaną innymi przepisami, ani też o utrzymanie systemu prawnego, istniejącego w chwili podziału.

Zasada zaś niedopuszczalności skarg przeciw własnemu Państwu uznaną jest niepodzielnie w literaturze prawa międzynarodowego i w orzecznictwie Mieszanych Trybunałów Rozjemczych.

Przyjąwszy, że wyraz „l'ayant droit" w art. 5 Konwencji oznacza nietylko uprawnionego w materjalno — prawnem tego słowa znaczeniu, lecz także uprawnionego w formalno prawnem znaczeniu, to doprowadziłoby to do konkluzji, że także uprawniony, nie posiadający ani obywatelstwa niemieckiego ani też obywatelstwa polskiego lecz np. obywatelstwo francuskie lub włoskie, mógłby występywać w charakterze powoda, w takim razie podlegałby sądownictwu, w którem jego Państwo nie brałoby udziału ani przez osobę sędziego ani też przez Przedstawicela Państwa. Sytuacja taka naruszałaby w jaskrawy sposób prawa owego trzeciego Państwa. Groteskowość tej sytuacji staje się jeszcze wyrazistrzą, jeżeli się zważy, że wedle ogólnej teorji osoby prywatne w ogóle nie mogą występywać jako podmioty prawne w prawie międzynarodowem.

Również przepis l. 1 § 2 art. 4 opiewający:

Des mesures prises en dehors de la législation générale seront inadmissibles, si elles ne sont pas applicables aux ressortissants de l'État qui les prend".

(„Zarządzenia wydane poza ogólnem ustawodawstwem, są niedopuszczalne, jeżeli nie stosują się również do obywateli Państwa, które je wydało"), nie da się pogodzić z zasadą, że art. 4 odnosi się także do własnych obywateli.

Wprowadzenie sprawdzianu ustawodawstwa powszechnego stosowanego wobec własnych obywateli, nie miałoby sensu dla oceny, czy nastąpiło naruszenie praw nabytych,

letzung erworbener Rechte stattgefunden hat, keinen Sinn, wenn gerade die eigenen Staatsbürger wegen Anwendung der lois générales ou d' autres dispositions Klage erheben könnten. Eine solche Maßnahme wäre jeden Wertes beraubt, weil sie ja selbst in den Streit hereingezogen würde, während die Logik lehrt, daß man zu Vergleichen einen absoluten, nicht aber einen relativen Maßstab benützen müsse.

Hingegen könne man sich auch sehr gut vorstellen, daß Ziff. 1 des § 2 des Art. 4 des Abkommens im Sinne der Grundsätze des internationalen Rechtes das Verbot einer differentiellen Gesetzgebung den Staatsbürgern der zweiten Partei gegenüber einführe, und Ziff. 3 einen rein vertraglichen Schutz vor nicht unterscheidenden Maßnahmen einführe.

In den außereuropäischen Ländern (Türkei, China), die infolge des nicht europäischen Niveaus ihrer Verwaltung und Justiz erst verhältnismäßig kurz zur internationalen Gemeinschaft zugelassen wurden, sind manchmal zwecks sachlicher Entscheidung der Streitigkeiten mit Europäern Gemischte Gerichtshöfe eingeführt worden. Aber niemals waren diese Kapitulationsgerichtshöfe für den Schutz von Rechten der Staatsbürger des außereuropäischen Staates gegen diesen selbst zuständig. Wie kann man daher das Bestehen einer derartigen Beschränkung zwei europäischen Staaten gegenüber annehmen, deren Verwaltung und Justiz überhaupt nicht mit denen außereuropäischer Staaten verglichen werden können. Dagegen würde die Anwendung des Art. 4 des Abkommens auf die eigenen Staatsbürger die betreffenden interessierten Staaten in eine schlechtere Rolle als die außereuropäischen Staaten von vollkommen unvergleichbaren Verhältnissen versetzen.

Endlich komme noch Art. 278 des Versailler Vertrages in Betracht, worin Deutschland sich verpflichtet habe, seine ehemaligen Staatsangehörigen in jeder Richtung von jeder Pflicht gegenüber ihrem Heimatsstaate zu entbinden. Eines der wichtigsten Bande auf dem Gebiet des Völkerrechts sei das Recht des Staatsbürgers auf Schutz durch seinen Staat. Auf dieses Band habe Deutschland hinsichtlich seiner früheren Staatsangehörigen in Polnisch-Oberschlesien verzichtet. Durch die

gdyby właśni obywatele mogli skargi wnosić z powodu stosowania lois générales ou d'autres dispositions. W ten sposób sprawdzian ten byłby pozbawiony wszelkiej wartości, ponieważ sam byłby wciągnięty w spór, podczas gdy logika uczy, iż do porównania trzeba mieć miarę absolutną a nie względną.

Tymczasem na odwrót doskonale można pomyśleć, iż nr. 1 § 2 art. 4 Konwencji wprowadza w myśl zasad prawa międzynarodowego zakaz legislacji dyferencjalnej wobec obywateli drugiej strony, a nr. 3 wprowadza już czysto konwencjonalną ochronę przed aktami nie różniczkującemi.

W krajach pozaeuropejskich (Turcji, Chinach), które stosunkowo niedawno dopuszczone zostały do społeczności międzynarodowej z powodu nieeuropejskiego poziomu administracji i sądownictwa, nieraz wprowadzano Trybunały mieszane dla rzeczowej oceny sporów z Europejczykami. Otóż nigdy dane Trybunały kapitulacyjne nie były kompetentne dla ochrony praw obywateli państwa pozaeuropejskiego przeciwko jemu samemu. Jakże tedy można przypuszczać istnienie podobnego ograniczenia przeciwko dwom Państwom europejskim, których administracji i sądownictwa wogóle nie można porównywać z państwami pozaeuropejskiemi. Tymczasem odnoszenie art. 4 Konwencji do ich własnych obywateli stawiałoby dane interesowane Państwa w roli gorszej jak rzeczone Państwa pozaeuropejskie, o zupełnie nie współmiernych stosunkach.

Wreszcie wchodzi w rachubę jeszcze art. 278 Traktatu Wersalskiego, w którym Niemcy zobowiązały się swoich byłych obywateli „in jeder Richtung von jeder Pflicht gegenüber ihrem Heimatstaate zu entbinden“. Najważniejszym węzłem na terenie prawa międzynarodowego jest prawo obywatela doznawania ochrony ze strony własnego Państwa. Tego węzła wyrzekły się Niemcy w stosunku do swoich byłych obywateli na polskiej części Górnego

Zusammensetzung des Schiedsgerichts und die Mitwirkung des Staatsvertreters würde aber ein solcher Schutz auch noch weiterhin den jetzt fremden Staatsangehörigen gegenüber ausgeübt, was im Hinblick auf das allgemeine Völkerrecht und die Bestimmung des Art. 278 des Versailler Friedensvertrages unzulässig erscheine.

Das vom Polnischen Staatsvertreter behauptete Erfordernis, daß vor Anrufung des Schiedsgerichts die Landesinstanzen erschöpft sein müssen, wird von ihm mit der Bestimmung des Art. 597 des Abkommens begründet, der folgendermaßen lautet:

„Les Présidents de la Commission mixte et du Tribunal arbitral examinent si, avant d'avoir recours à eux, il a été fait, conformément aux dispositions de la présente Convention, appel aux Commissions arbitrales ou de conciliation ou à d'autres organisations intermédiaires prévues dans cette Convention ou encore aux autorités ou tribunaux nationaux compétents au premier chef. Dans la négative, une demande ne sera pas recevable".

(„Die Präsidenten der Gemischten Kommission und des Schiedsgerichts prüfen, ob gemäß den Bestimmungen dieses Abkommens vor der Anrufung der Gemischten Kommission oder des Schiedsgerichts die Schieds- und Schlichtungsstellen oder andere in diesem Abbkommen vorgesehene Zwischeninstanzen oder die in erster Linie zuständigen Landesgerichte oder Landesbehörden mit der Angelegenheit befaßt worden sind. Ist dies unterblieben, so weisen die Präsidenten die Anträge als unzulässig ab").

Dieser Artikel führe den Grundsatz der vorausgehenden Zuständigkeit der Landesinstanzen ein. Die dem gegenüber ins Treffen geführte Bestimmung des Art. 5 des Abkommens, wonach das Schiedsgericht unmittelbar auf Klage des Berechtigten entscheide, stehe damit nicht in Widerspruch. Zur Unterstützung dieser Ansicht beruft sich der Polnische Staatsvertreter auf die Protokolle der X. und XII. Unterkommission der Genfer Konferenz und verweist darauf, daß das Erfordernis der Erschöpfung der Landesinstanzen vor Anrufung einer internationalen Instanz ein in Theorie und Praxis anerkannter

Śląska. Wobec składu Trybunału Rozjemczego i współdziałania Przedstawiciela Państwa wykonywanoby jednak jeszcze nadal tę ochronę na rzecz obecnie już obcych obywateli, a to nie jest dopuszczalne z uwagi na powszechne prawo międzynarodowe i art. 278 Traktatu Wersalskiego.

2. Przedstawiciel Państwa Polskiego powołuje się celem uzasadnienia swego twierdzenia, że przed udaniem się do Trybunału Rozjemczego należy wyczerpać instancje krajowe, na przepis art. 597 Konwencji, który opiewa:

„Les Présidents de la Commission mixte et du Tribunal arbitral examinent si, avant d'avoir recours à eux, il a été fait, conformément aux dispositions de la présente Convention, appel aux Commissions arbitrales ou de conciliation ou à d'autres organisations intermédiaires prévues dans cette Convention ou encore aux autorités ou tribunaux nationaux compétents au premier chef. Dans la négative, une demande ne sera pas recevable".

(„Prezydenci Komisji Mieszanej i Trybunału Rozjemczego badają, czy przed odwołaniem się do tych instancji zwrócono się, stosownie do postanowień niniejszej Konwencji, do Komisji rozjemczych i polubownych lub do innych organów pośredniczących, przewidzianych w tej Konwencji, lub do sądów i władz krajowych, o ile te są w pierwszej linji kompetentne. O ile się temu nie stało zadość, wniosek nie będzie się nadawał do rozpatrywania").

Artykuł ten wprowadza zasadę pierwotnej kompetencji instancji krajowych. Przeciwstawiony mu przepis art. 5 Konwencji, który postanawia, że Trybunał Rozjemczy rozstrzyga wprost na żądanie posiadacza prawa, nie stoi z nim w sprzeczności. Na poparcie zapatrywania swego Przedstawiciel Państwa Polskiego odwołuje się do protokułów X i XII Podkomisji Konferencji Genewskiej i wskazuje na to, że wymóg wyczerpania instancji krajowych przed odwołaniem się do instancji międzynarodowej jest zasadą uznaną w teorji i w praktyce. Użycie wyrazu „wprost"

Grundsatz sei. Die Verwendung des Ausdruckes „unmittelbar" im Art. 5 sei darauf zurückzuführen, daß die Verfasser des Abkommens, davon ausgehend, daß nach der bisherigen Theorie im Völkerrechte Privatpersonen nicht als Prozeßparteien zugelassen würden, es für notwendig erachteten, die Abweichung von diesem Grundsatze ausdrücklich dadurch zu betonen, daß sie in das Abkommen die Bestimmung aufnahmen, daß das Schiedsgericht unmittelbar auf Klage desjenigen, der das formelle Klagerecht besitzt, nicht aber auf Klage des Staates zu entscheiden habe. Art. 5 habe daher nicht den Zweck gehabt, den Art. 597 abzuändern, sondern habe nur das jus standi in judicio des formell Klageberechtigten zum Ausdruck bringen wollen.

Die Kläger sind diesen Ausführungen entgegengetreten.

Der Deutsche Reichs- und Staatsvertreter hat zu den Akten des Schiedsgerichts eine schriftliche Erklärung des Inhaltes abgegeben, daß das Genfer Abkommen gegenüber den allgemeinen internationalen Rechtsgrundsätzen als lex specialis anzusehen sei, und die Auslegung seiner Bestimmungen sich aus dem Wortlaute, dem Sinn und Zweck des Vertrages ergebe. Daraus sei zu folgern, daß in Fortentwicklung der Gedanken des Minderheitenvertrages vom 28. Juni 1919 und mit Rücksicht auf die besonderen Verhältnisse im ehemaligen Abstimmungsgebiete durch die Einsetzung des Schiedsgerichts eine eigene Rechtsschutzinstanz habe geschaffen werden sollen, deren Zuständigkeit unabhängig und in Abweichung von den allgemeinen Rechtsgrundsätzen geregelt worden sei. Die polnische Regierung sei bisher offenbar derselben Ansicht gewesen, da sie in den fünf Jahren der Tätigkeit des Schiedsgerichts bei Klagen polnischer Staatsangehöriger gegen den Polnischen Staat den Einwand der Unzuständigkeit nicht erhoben und damit die Zuständigkeit des Schiedsgerichts anerkannt habe. Die Deutsche Regierung halte an ihrer Auffassung fest, daß das Schiedsgericht auch für Klagen der Staatsbürger gegen ihren eigenen Staat gemäß Art. 5 des Abkommens zuständig sei.

Gegen die Einrede, daß das Schiedsgericht erst angerufen werden könne, wenn die Landesinstanzen von dem Kläger

w art. 5 pochodzi stąd, że autorowie Konwencji, wychodząc z założenia, że wedle dotychczasowej teorji prawa międzynarodowego osoby prywatne nie są dopuszczone do sporu w charakterze stron procesowych, uważali za konieczne wyraźne zaznaczenie, iż odstąpiono od tej zasady, przez umieszczenie w Konwencji przepisu, że Trybunał wyda orzeczenie wprost na skargę posiadacza formalnego prawa a nie na skargę jego Państwa. Celem artykułu 5 nie była tedy zmiana artykułu 597, lecz chciano w nim jedynie wyrazić jus standi in judicio osoby do skargi formalnie uprawnionej.

Powodowie sprzeciwili się tym wywodom.

Przedstawiciel Państwa Niemieckiego wniósł do aktów Trybunału Rozjemczego oświadczenie pisemne tej treści, że Konwencję Genewską w stosunku do zasad prawnych powszechnego prawa międzynarodowego należy uważać za lex specialis, a wykładnia jej przepisów wynika z osnowy, myśli i celu Konwencji. Na tej podstawie należy wnosić, że w dalszem rozwinięciu myśli, zawartych w Traktacie, dotyczącym ochrony mniejszości z dnia 28 czerwca 1919 r. i w uwzględnieniu szczególnych stosunków na byłym obszarze plebiscytowym zamierzano przez ustanowienie Trybunału Rozjemczego stworzyć osobną instancję dla ochrony prawnej, a jej kompetencję uregulowano niezależnie i odmiennie od ogólnych zasad prawnych. Rząd Polski podzielał widocznie dotychczas to zapatrywanie, skoro w czasie pięcioletniej działalności Trybunału Rozjemczego nie podnosił zarzutu niewłaściwości, gdy chodziło o skargi obywateli polskich przeciw Państwu Polskiemu, a tem samem uznawał właściwość Trybunału Rozjemczego. Rząd Niemiecki jest nadal zdania, że Trybunał Rozjemczy jest właściwym także dla skarg obywateli przeciw własnemu państwu na zasadzie art. 5 Konwencji.

Przeciw zarzutowi, że można odwołać się do Trybunału Rozjemczego dopiero wówczas, gdy powód wyczerpał in-

erschöpft seien, spreche der klare Wortlaut des Art. 5, der ausdrücklich besage, daß das Schiedsgericht unmittelbar für Entschädigungsklagen wegen Verletzung erworbener Rechte zuständig sei. Art. 5 begründe daher eine besondere Zuständigkeit und schließe damit die Heranziehung von Art. 597 des Abkommens aus.

Die Parteien haben noch weitere Schriftsätze vom 3. Februar 1928, vom 17. März 1928 samt einer Denkschrift sachlicher Natur, betreffend die Klagen aus Anlaß des polnischen Tabakmonopolgesetzes vom 19. März 1928, 26. März 1928, 28. März 1928 überreicht, auf die verwiesen wird.

Durch Beschluß des Schiedsgerichts wurde die mündliche Verhandlung zunächst auf die Einrede der Unzuständigkeit beschränkt.

Entscheidungsgründe:

1. Der Polnische Staatsvertreter hat gegen die Zuständigkeit des Schiedsgerichts zur Entscheidung über Klagen polnischer Staatsbürger oder Angehöriger dritter Staaten gegen den Polnischen Staat wegen Verletzung erworbener Rechte eine Reihe von Gründen vorgebracht, die hauptsächlich dem allgemeinen Völkerrecht sowie der Rechtsprechung der durch die letzten Friedensverträge geschaffenen Gemischten Schiedsgerichtshöfe entnommen sind. Das Schiedsgericht muß es jedoch ablehnen, in die Erörterung von Gründen einzutreten, die unter völliger Nichtachtung der besonderen und eigenartigen Grundlage, auf der das Schiedsgericht für Oberschlesien beruht, aus fremden Gebieten herangezogen werden und für die hier zu treffende Entscheidung gar keine Bedeutung haben können. Insbesondere sind die Bestimmungen der Friedensverträge über Zweck und Zuständigkeit der Gemischten Schiedsgerichtshöfe von den Bestimmungen des Genfer Abkommens über Zweck und Zuständigkeit des Schiedsgerichtes für Oberschlesien so verschieden, daß eine entsprechende Anwendung jener Vorschriften nicht möglich ist. Auch ist der Hinweis des Polnischen Staatsvertreters auf die Kapitulationsgerichte und die Kapitulationsländer nicht am Platze. Für die Entscheidung über die Zuständigkeit des Schiedsgerichts

stancje krajowe, przemawia jasne brzmienie art. 5, który to artykuł wyraźnie postanawia, że Trybunał Rozjemczy jest wprost właściwym dla skarg o odszkodowanie z powodu naruszenia praw nabytych. Artykuł 5 stwarza tedy szczególną kompetencję i wyklucza zastosowanie artykułu 597 Konewencji.

Strony wniosły jeszcze dalsze pisma z dnia 3 lutego 1928 r. z dnia 17 marca 1928 r. wraz z memorjałem merytorycznym w przedmiocie ustawy o monopolu tytoniowym, dalej z dnia 19 marca 1928 r., z dnia 26 marca 1928 r., z dnia 28 marca 1928 r., na które to pisma się wskazuje.

Uchwałą Trybunału Rozjemczego ograniczono ustną rozprawę przedewszystkiem do zarzutu niewłaściwości.

Uzasadnienie.

1. Przeciw właściwości Trybunału Rozjemczego dla rozstrzygania skarg obywateli polskich lub obywateli państw trzecich przeciw Państwu Polskiemu o naruszenie praw nabytych, Przedstawiciel Państwa Polskiego podniósł szereg argumentów, opartych przeważnie na powszechnem prawie międzynarodowem jak też i na orzecznictwie Mieszanych Trybunałów Rozjemczych, ustanowionych na podstawie najnowszych Traktatów Pokoju. Trybunał Rozjemczy nie wchodzi jednak w rozpatrywanie argumentów zaczerpniętych z obcych dziedzin z zupełnem pominięciem szczególnej i swoistej podstawy, na której opiera się Trybunał Rozjemczy, albowiem argumenty te dla rozstrzygnięcia sprawy niniejszej nie mogą mieć żadnego znaczenia. W szczególności przepisy Traktatów Pokoju, dotyczące celu i właściwości Mieszanych Trybunałów Rozjemczych różnią się tak dalece od przepisów Konwencji Genewskiej co do celu i właściwości Trybunału Rozjemczego dla Górnego Śląska, że nie może tu być mowy o analogicznem zastosowaniu tych przepisów. Również niestosowne jest powołanie się Przedstawiciela Państwa Polskiego na sądy kapitulacyjne i kraje kapitulacyjne. Dla rozstrzygnięcia kwestji właściwości Trybunału Rozjemczego decydujące znaczenie ma raczej

ist vielmehr nur das Genfer Abkommen maßgebend, wobei zur Auslegung der Beschluß der Botschafterkonferenz vom 20. Oktober 1921 herangezogen werden kann, zu dessen Ausführung das Genfer Abkommen geschlossen ist. Dagegen kann den Protokollen der Unterkommissionen der Genfer Konferenz für die Auslegung des Abkommens keine erhebliche Bedeutung beigemessen werden, da in diesen Protokollen nur der erste Abschnitt der Verhandlungen, nicht aber deren abschließendes Ergebnis niedergelegt ist.

Im Genfer Abkommen ist der Grundsatz der Achtung der erworbenen Rechte in Art. 4 § 1 wie folgt ausgesprochen:

„Sans préjudice des dispositions de l'art. 256 du Traité de Paix de Versailles, l'Allemagne et la Pologne reconnaîtront et respecteront les droits de toute nature, et notamment les concessions et privilèges acquis avant le transfert de la souveraineté par des particuliers, des sociétés ou des personnes morales, dans leurs parties respectives du territoire plébiscité, et cela en conformité des lois relatives aux dits droits et des dispositions qui vont suivre".

(„Unbeschadet der Bestimmungen des Art. 256 des Friedensvertrages von Versailles werden Deutschland und Polen die Rechte aller Art und insbesondere die Konzessionen und Privilegien, die vor dem Übergange der Staatshoheit von natürlichen Personen, Gesellschaften oder juristischen Personen erworben worden sind, auf ihrem Teile des Abstimmungsgebietes nach Maßgabe der für sie geltenden Gesetze und der nachfolgenden Bestimmungen anerkennen und achten.")

Nachdem sodann in den §§ 2 ff. des Art. 4 der Inhalt der von den beiden Staaten durch die Anerkennung jenes Grundsatzes übernommenen Verpflichtung für einige Gebiete durch ausdrückliche Regelung sichergestellt und insbesondere für die Fälle des Art. 4 § 2 Ziff. 3 und 4 die Verpflichtung zur vollen Entschädigung festgesetzt ist, bestimmt Art. 5 die Zuständigkeit des Schiedsgerichts für den Schutz erworbener Rechte, wie folgt:

„La question de savoir si et dans quelle mesure une indemnité pour la suppression ou la diminution de droits

jedynie Konwencja Genewska, a przy interpretacji można również uwzględnić decyzję Konferencji Ambasadorów z dnia 20 października 1921 r. albowiem Konwencję Genewską zawarto w celu jej wykonania. Do protokułów natomiast Podkomisji Konferencji Genewskiej nie można przy interpretacji Konwencji przywiązywać większej wagi, albowiem protokuły te dotyczą jedynie pierwszego stadjum obrad, nie ustalają zaś końcowego ich wyniku.

W Konwencji Genewskiej wypowiedziano zasadę uszanowania praw nabytych w § 1 art. 4 w sposób następujący:

„Sans préjudice des dispositions de l'article 256 du Traité de Paix de Versailles, l'Allemagne et la Pologne reconnaîtront et respecteront les droits de toute nature, et notamment les concessions et privilèges acquis avant le transfert de la souveraineté par des particuliers, des sociétés ou des personnes morales, dans leurs parties respectives du territoire plébiscité, et cela en conformité des lois relatives aux dits droits et des dispositions qui vont suivre".

(„Nie uwłaczając przepisom art. 256-go Traktatu Wersalskiego, Niemcy i Polska uznają i uszanują na częściach obszaru plebiscytowego im przyznanych, prawa wszelkiego rodzaju, a mianowicie koncesje i przywileje, nabyte przed zmianą suwerenności przez osoby prywatne, towarzystwa lub osoby prawne, a to w granicach ustaw, odnoszących się do wyżej wymienionych praw, oraz zgodnie z następującemi postanowieniami").

Po zawarowaniu następnie w § 2 i nast. artykułu 4 przez wyraźne unormowanie dla pewnych dziedzin osnowy zobowiązań, przyjętych w uznaniu zasady powyższej przez oba Państwa i po ustaleniu w szczególności obowiązku wypłaty pełnego odszkodowania w wypadkach, wymienionych w § 2 l. 3 i 4 art. 4, określa art. 5 właściwość Trybunału Rozjemczego dla ochrony praw nabytych w sposób następujący:

„La question de savoir si et dans quelle mesure une indemnité pour la supression ou la diminution de droits

acquis doit être payée par l'État, sera directement tranchée par le Tribunal Arbitral sur plainte de l'ayant droit".

(„Über die Frage, ob und in welchem Umfange für die Aufhebung oder Beeinträchtigung erworbener Rechte vom Staat Entschädigung zu leisten ist, entscheidet das Schiedsgericht unmittelbar auf Klage des Berechtigten.")

Ergibt sich nun — so muß man fragen — aus dem Wortlaut dieser Bestimmungen, daß, wie der Polnische Staatsvertreter meint, der Inhaber eines erworbenen Rechtes, „l'ayant droit" (der Berechtigte) den Polnischen Staat vor dem Schiedsgericht nur dann belangen kann, wenn er Deutscher ist, und den Deutschen Staat nur dann, wenn er Pole ist, oder muß man nicht vielmehr aus dem Wortlaut entnehmen, daß der Berechtigte sich ohne Rücksicht auf seine Staatsangehörigkeit an das Schiedsgericht wenden kann?

Der Polnische Staatsvertreter gibt selbst zu, daß der Wortlaut der in Rede stehenden Bestimmungen des Abkommens nichts über die Staatsangehörigkeit enthält, er macht aber geltend, daß das allgemeine Völkerrecht den Staatsbürgern nicht gestatte, eine internationale Instanz gegen den eignen Staat anzurufen, und er ist der Ansicht, daß dieser Grundsatz, da er nicht ausdrücklich in dem Genfer Abkommen ausgeschlossen sei, bei der Auslegung des Art. 5 angewandt werden müsse. Das Schiedsgericht vermag diese Beweisführung nicht als richtig anzuerkennen. Die in Rede stehenden Vorschriften des Abkommens sind klar und deutlich. Sie begründen ein auf Vertrag beruhendes Sonderrecht und gehen dem allgemeinen Völkerrecht vor. Wenn die Auslegung der Bestimmungen zweifelhaft wäre, würde allerdings eine Auslegung, die mit den anerkannten Grundsätzen des Völkerrechts im Einklang steht, den Vorzug verdienen vor einer Auslegung, die von diesen Grundsätzen abweicht. Wenn aber der Wortlaut einer Bestimmung für Zweifel keinen Raum gibt, muß man ihn nach dem gewöhnlichen Sinne der Worte verstehen, ohne etwas hineinzulegen, was nicht darin ist.

Der Polnische Staatsvertreter zieht freilich die Klarheit des Wortlautes der in Rede stehenden Bestimmungen in Zweifel, aber er gelangt hierzu nur auf dem Wege einer

acquis doit être payée par l'État, sera directement tranchée par le Tribunal arbitral sur plainte de l'ayant droit".

(„Trybunał Rozjemczy rozstrzygnie wprost na żądanie posiadacza prawa pytanie, czy i w jakiej rozciągłości odszkodowanie za zniesienie lub uszczuplenie praw nabytych winno być przez Państwo wypłacone").

Czyż z osnowy przepisów tych wynika, jak to mniema Przedstawiciel Państwa Polskiego, że posiadacz prawa nabytego „l'ayant droit" może pozywać Państwo Polskie przed Trybunał Rozjemczy tylko wtedy, gdy jest Niemcem, a Państwo Niemieckie jedynie wtedy, gdy jest Polakiem, czy też należy raczej przyjąć na podstawie ich osnowy, że posiadacz prawa może wystąpić przed Trybunałem Rozjemczym bez względu na swoje obywatelstwo?

Przedstawiciel Państwa Polskiego sam przyznaje, że osnowa powyższych przepisów Konwencji nie zawiera nic o obywatelstwie, zaznacza jednak, że powszechne prawo międzynarodowe nie zezwala obywatelom występywać przed instancją międzynarodową przeciw własnemu państwu i sądzi, że zasadę tę należy zastosować przy interpretacji art. 5 albowiem nie wyłączono jej wyraźnie w Konwencji Genewskiej. Trybunał Rozjemczy nie może uznać argumentacji tej za trafną. Przepisy powyższe Konwencji są jasne i wyraźne. Tworzą one, oparte na umowie prawo szczególne, które ma pierwszeństwo przed powszechnem prawem międzynarodowem. Gdyby interpretacja tych przepisów nasuwała wątpliwości, wówczas oczywiście interpretacja, odpowiadająca uznanym zasadom prawa międzynarodowego, miałaby pierwszeństwo przed wykładnią, odbiegającą od tych zasad. Jeżeli jednak osnowa przepisu nie nasuwa żadnych wątpliwości, należy go rozumieć wedle zwyczajnego znaczenia słów, a nie dodawać coś, czego w nim niema.

Przedstawiciel Państwa Polskiego poddaje wprawdzie w wątpliwość jasność powyższych przepisów, jednakowoż twierdzenie to opiera na zupełnie błędnej interpretacji

gänzlich irrigen Auslegung der Art. 4 und 5. Er übersieht, daß Art. 4 die materiellrechtliche Regelung enthält, indem die Verpflichtung der beiden Vertragsstaaten zur Achtung der erworbenen Rechte ausgesprochen und der Inhalt dieser Verpflichtung in einigen Punkten durch ausdrückliche Regelung sichergestellt wird, während Art. 5 eine Vorschrift des formellen Rechts gibt durch Bestellung eines Gerichtshofes zur Entscheidung über die wegen Verletzung jener Verpflichtung erhobenen Schadensersatzansprüche. Die Worte des Art. 5 „la question de savoir si et dans quelle mesure . . .“ bedeuten nur, daß das Schiedsgericht im einzelnen Falle zu entscheiden hat, ob dem als Inhaber eines Rechtes (ayant droit) auftretenden Kläger wirklich ein Schadensersatzanspruch wegen Verletzung des geltend gemachten Rechtes zusteht und bejahendenfalls, in welchem Umfange Entschädigung zu leisten ist. Man kann daher nicht sagen, daß zwischen den die materiellrechtliche Regelung enthaltenden Vorschriften des Art. 4 und dem Art. 5, wonach im einzelnen Falle das Schiedsgericht gemäß der vorangegangenen materiellrechtlichen Regelung über das Bestehen des Schadensersatzanspruches zu befinden hat, irgend ein Widerspruch bestehe, oder daß Art. 5 infolge ungeschickter Redaktion eine Wiederholung enthalte.

Unzutreffend ist es auch, wenn der Polnische Staatsvertreter zur Begründung seiner Ansicht sich auf Art. 4 § 2 Ziff. 1 beruft. Art. 4 § 2 lautet wie folgt:

„La reconnaissance et le respect des droits acquis comportent en particulier l'observation des principes suivants:

1. Des mesures prises en dehors de la législation générale seront inadmissibles si elles ne sont pas applicables aux ressortissants de l'État qui les prend.

2. . . . . . .

(„Die Anerkennung und Achtung der erworbenen Rechte schließt insbesondere die Einhaltung folgender Grundsätze in sich:

1. Maßnahmen außerhalb der allgemeinen Gesetzgebung

art. 4 i 5. Przeocza bowiem, że artykul 4 zawiera normę materjalno prawną, wypowiadającą zobowiązanie obu układających się Stron uszanowania praw nabytych i ustalającą osnowę tego zobowiązania w kilku punktach przez wyraźne unormowanie, podczas gdy artykuł 5 zawiera przepis prawa formalnego, ustanawiający Trybunał dla rozstrzygnięcia roszczeń o odszkodowanie, dochodzonych z powodu naruszenia owego zobowiązania. Słowa artykułu 5 „la question de savoir si et dans quelle mesure ....“ oznaczają jedynie, że Trybunał Rozjemczy w poszczególnym wypadku ma rozstrzygnąć, czy powodowi, występującemu w charakterze posiadacza prawa (ayant droit), w istocie przysługuje roszczenie o odszkodowanie z powodu naruszenia dochodzonego prawa a w razie twierdzącym, w jakiej wysokości odszkodowanie ma być zapłacone. Nie można tedy utrzymywać, jakoby istniała jakaś sprzeczność między przepisami artykułu 4, zawierającymi normy materjalnoprawne a artykułem 5, wedle którego Trybunał Rozjemczy w poszczególnym wypadku ma orzec na zasadzie poprzedzających norm materjalno prawnych, czy uzasadnione jest roszczenie o odszkodowanie, nie można również utrzymywać, jakoby art. 5 z powodu niezręcznej redakcji zawierał jakieś powtórzenie.

Nietrafne jest również powoływanie się Przedstawiciela Państwa Polskiego na l. 1 § 2 art. 4 celem uzasadnienia swego zapatrywania. Paragraf 2 art. 4 brzmi:

„La reconnaissance et le respect des droits acquis comportent en particulier l'observation des principes suivants:

1°. Des mesures prises en dehors de la législation générale seront inadmissibles si elles ne sont pas applicables aux ressortissants de l'État qui les prend.

2°.......

(„Przy uznaniu i uszanowaniu praw nabytych przestrzegane będą w szczególności zasady następujące:

1. Zarządzenia, wydane poza ogólnem ustawodawstwem,

sind unzulässig, wenn sie nicht auch auf die eigenen Staatsangehörigen Anwendung finden.")

2. . . . .

In den folgenden Ziff. 2, 3 und 4 wird sodann, ohne einen Unterschied hinsichtlich der Staatsangehörigkeit zu machen, bestimmt, daß die Rechtsverfolgung nicht durch eine Änderung der Gesetzgebung ausgeschlossen werden darf (Ziff. 2), und daß im Falle der Verletzung gewisser Arten von Rechten volle Entschädigung von dem Staate zu leisten ist (Ziff. 3 und 4).

Der Polnische Staatsvertreter hat die Frage aufgeworfen, wie sich die Vorschrift der Ziff. 1 mit der Anwendung des Art. 4 auf die eigenen Staatsangehörigen vertrage. Er fragt: „Hätte die Einführung von Maßnahmen der allgemeinen Gesetzgebung, die den eigenen Staatsbürgern gegenüber angewendet werden, für die Beurteilung der Frage, ob eine Verletzung erworbener Rechte stattgefunden hat, einen Sinn, wenn gerade die eigenen Staatsbürger wegen Anwendung der lois générales ou d'autres dispositions Klage erheben könnten? Der Polnische Staatsvertreter befindet sich hier über die Tragweite dieser Bestimmung sowie der anderen Bestimmungen des Art. 4 im Irrtum.

Der § 2 Art. 4 will, wie schon erwähnt, den Inhalt der Verpflichtung zur Achtung der erworbenen Rechte durch ausdrückliche Regelung in einigen Punkten sicher stellen. Wenn hierbei in Ziff. 1 bestimmt wird, daß außerhalb der allgemeinen Gesetzgebung die Ausländer nicht schlechter als die Inländer gestellt werden dürfen, und sodann in den folgenden Ziffern, ohne eine Unterscheidung der Staatsangehörigkeit die Rechtsverfolgung gewährleistet und eine Schadensersatzpflicht ausdrücklich festgesetzt wird, so kann man dies unmöglich dahin auslegen, daß die Regelung der Ziff. 2, 3, 4 nur zugunsten der Ausländer, nicht auch zugunsten der eigenen Staatsangehörigen gelten soll. Hierzu tritt die Erwägung, daß der allgemeine Grundsatz der Achtung der erworbenen Rechte in Art. 4 § 1 ohne jede Unterscheidung zwischen Inländern und Ausländern ausgesprochen wird, und § 2, wie der Wortlaut des Eingangs zeigt, keine Einschränkung des in § 1 ausgesprochenen Grundsatzes beabsichtigt.

są niedopuszczalne, jeżeli nie stosują się również do obywateli Państwa, które je wydało").

2. . . . . . .

W następnych l. 2, 3 i 4 postanowiono bez względu na obywatelstwo, że przez zmiany ustawodawcze nie wolno znosić prawa dochodzenia swych praw (l. 2) i że w razie naruszenia praw pewnego rodzaju Państwo obowiązane będzie do wypłaty pełnego odszkodowania (l. 3 i 4).

Przedstawiciel Państwa Polskiego podniósł kwestję, czy można uzgodnić przepis l. 1 z zasadą, że artykuł 4 odnosi się także do własnych obywateli i zadaje pytanie: „Czyżby wprowadzenie sprawdzianu ustawodawstwa powszechnego, stosowanego wobec własnych obywateli dla oceny, czy nastąpiło naruszenie praw nabytych miało sens, gdyby właśni obywatele mogli wnosić skargi z powodu stosowania lois générales ou d'autres dispositions? Przedstawiciel Pańslwa Polskiego błędnie ocenia doniosłość przepisu tego jak też i dalszych przepisów artykułu 4. Paragraf 2 artykułu 4 dąży do zawarowania, jak to już nadmieniono, osnowy zobowiązania uszanowania praw nabytych pızez wyraźne unormowanie kilku punktów. Jeżeli w l. 1 postanowiono, że poza ogólnem ustawodawstwem nie wolno cudzoziemców gorzej traktować jak obywateli własnych a następnie w liczbach następnych bez względu na obywatelstwo zagwarantowano dochodzenie praw i wyraźnie ustalono obowiązek wypłaty odszkodowania, to nie można tego żadną miarą w ten sposób interpretować, jakoby normy, zawarte w l. 2, 3, 4 miały mieć znaczenie jedynie na korzyść cudzoziemców nie zaś także na korzyść własnych obywateli. Rozważyć ponadto należy, że ogólną zasadę uszanowania praw nabytych wypowiedziano w § 1 art. 4 nie czyniąc żadnej różnicy między cudzoziemcami a własnymi obywatelami i że § 2, jak na to wskazuje osnowa jego wstępu, nie ma bynajmniej na celu ograniczenia tej zasady.

Hiernach gibt weder der Wortlaut des Art. 5 noch der des Art. 4 irgendeinen Anhalt für das Erfordernis einer bestimmten Staatsangehörigkeit. Der Grund hierfür erhellt, wenn man auf den Beschluß der Botschafterkonferenz vom 20. Oktober 1921 zurückgeht. In diesem Beschluß, der zum Ziele hatte, „im Interesse der Allgemeinheit die Fortdauer des Wirtschaftslebens ebenso wie den Schutz der Minderheiten in Oberschlesien zu gewährleisten" (Begleitnote an den Deutschen Botschafter vom 20. Oktober 1921), wird im Hinblick auf die Teilung Oberschlesiens der Grundsatz der Achtung der erworbenen Rechte für beide Teile des Abstimmungsgebietes aufgestellt. Dieser Grundsatz gilt logischerweise zugunsten der gesamten oberschlesischen Bevölkerung und ist nicht nur als Ersatz des diplomatischen Schutzes der Deutschen in Polen und der Polen in Deutschland anzusehen. Hierin stimmen Wortlaut und Geist der in Rede stehenden Vorschriften des Beschlusses der Botschafterkonferenz durchaus überein, und das Genfer Abkommen hat notwendigerweise Wortlaut und Geist jenes Beschlusses übernommen. Der Umfang der Zuständigkeit des Schiedsgerichts darf aber hinter dem Umfang des Grundsatzes der Achtung erworbener Rechte umsoweniger zurückbleiben, als der Beschluß der Botschafterkonferenz insoweit nicht nur keine Einschränkung vorgesehen, sondern im Gegenteil die Zuständigkeit des Schiedsgerichts für alle Streitigkeiten privater Natur, die sich aus der Anwendung des Abkommens ergeben, vorgeschrieben hat. Wenn also bei der Bestimmung der Zuständigkeit des Schiedsgerichts Art. 5 des Genfer Abkommens den Ausdruck „l'ayant droit" (der Berechtigte) ohne jegliche Einschränkung und ohne das Erfordernis einer bestimmten Staatsangehörigkeit gebraucht, so geschieht dies offenbar, um den Vorschriften des Beschlusses der Botschafterkonferenz zu genügen. Daß hiernach Rechte der Minderheitsangehörigen durch Bestimmungen geschützt werden, die nicht in dem „Schutz der Minderheiten" überschriebenen III. Teil des Abkommens enthalten sind, ist ohne Bedeutung. Aus der Tatsache, daß eine Bestimmung nicht in diesem Teile des Abkommens steht, kann man keineswegs schließen, daß ihre Vorteile nicht auch den Minderheitsangehörigen zugute kommen dürften.

Tak więc ani osnowa art. 5 ani też art. 4 nie daje oparcia do wymagania pewnego oznaczonego obywatelstwa, a stanie się to zupełnie jasnem, gdy się wglądnie w decyzję Konferencji Ambasadorów z dnia 20 października 1921 r. W decyzji tej „zmierzającej do zawarowania, dla wspólnego dobra, ciągłości życia gospodarczego na Górnym Śląsku oraz ochrony mniejszości" (nota do Ambasadora Niemiec z dnia 20 października 1921) ustalono z uwagi na podział Górnego Śląska zasadę uszanowania praw nabytych dla obu części obszaru plebiscytowego. Zasadę tę stosować należy w logicznej konsekwencji na korzyść całej ludności górnośląkiej i nie można dopatrywać się w niej jedynie celu zastąpienia ochrony dyplomatycznej Niemców w Polsce i Polaków w Niemczech. Osnowa i duch odnośnych przepisów decyzji Konferencji Ambasadorów zgadzają się w tym względzie zupełnie, a Konwencja Genewska przyjęła z konieczności osnowę i ducha owej decyzji. Zakres właściwości Trybunału Rozjemczego zaś tem bardziej nie może być mniejszy od zakresu zasady uszanowania praw nabytych, ile że decyzja Konferencji Ambasadorów nie tylko nie przewiduje w tej mierze jakiegokolwiek ograniczenia, lecz przeciwnie przepisuje właściwość Trybunału Rozjemczego dla wszystkich sporów natury prywatnej, wynikających z zastosowania Konwencji. Jeżeli więc w art. 5 Konweuji dla określenia właściwości Trybunału Rozjemczego użyto wyrazu „l'ayant droit" (posiadacz prawa) bez wszelkiego ograniczenia i bez wymogu pewnego oznaczonego obywatelstwa, to stało się to widocznie w tym celu, aby wykonać przepisy decyzji Konferencji Ambasadorów. Niema żadnego znaczenia, iż przez to prawa osób należących do mniejszości są chronione przepisami nie mieszczącymi się w dziale III Konwencji, zatytułowanym „Ochrona Mniejszości". Z faktu, że przepis pewien nie mieści się w tym dziale Konwencji, nie można bynajmniej wnosić, jakoby korzyści wynikające z niego, nie mogły służyć także osobom, należącym do mniejszości.

Hiernach erfordern Geist und Wortlaut sowohl des Beschlusses der Botschafterkonferenz als auch des ihn ausführenden Abkommens eine Auslegung des Ausdruckes l'ayant droit in Art. 5, die von dem Erfordernis einer bestimmten Staatsangehörigkeit absieht.

Der Polnische Staatsvertreter wendet ferner ein, daß bei uneingeschränkter Auslegung des Ausdrucks l'ayant droit nicht nur die deutschen und polnischen Staatsangehörigen, sondern auch die Angehörigen dritter Staaten darunter fielen, und daß eine solche Auslegung die Rechte der dritten Staaten verletze. Das Schiedsgericht vermag diese Ansicht nicht zu teilen. Wenn ein Rechtsbehelf den Ausländern in demselben Umfange wie den eigenen Staatsangehörigen gewährt wird, so kann man darin unmöglich eine Beeinträchtigung der Rechte der dritten Staaten erblicken; handelt es sich doch um eine Maßnahme zugunsten, nicht aber zuungunsten der Ausländer.

Übrigens wird die Anrufung des Schiedsgerichts ohne jegliche Unterscheidung hinsichtlich der Staatsangehörigkeit nicht nur im Art. 5 des Abkommens gestattet; auch Art. 588 macht die Evokation an das Schiedsgericht lediglich davon abhängig, daß es sich um eine oberschlesische Angelegenheit handelt, ohne daß hierbei eine Unterscheidung oder Einschränkung im Hinblick auf die Staatsangehörigkeit erwähnt wird.

Schließlich kommt noch in Betracht, daß Art. 592 des Abkommens die Landesgerichte an die veröffentlichten Entscheidungen des Schiedsgerichts bindet. Wie wäre dies zu verstehen, wenn von der Zuständigkeit des Schiedsgerichts die Streitigkeiten der Staatsbürger gegen den eigenen Staat ausgeschlossen sein sollten? Wie wäre es weiter zu erklären, daß ein Landesgericht, das in einer Angelegenheit der eigenen Staatsangehörigen von einer veröffentlichten Entscheidung des Schiedsgerichts abweichen will, hierzu die Ermächtigung des Schiedsgerichts einholen muß?

2) Der Polnische Staatsvertreter hat ferner die Zuständigkeit des Schiedsgerichts um deswillen bestritten, weil die Landesinstanzen noch nicht erschöpft seien. Es sei ein anerkannter Grundsatz des Völkerrechts, daß vor Beginn des

Dlatego też osnowa i duch zarówno decyzji Konferencji Ambasadorów jak też i Konwencji, będącej jej wykonaniem, zniewalają do wykładni słowa „l'ayant droit" w art. 5 w sposób pomijający wymóg pewnego oznaczonego obywatelstwa.

Przedstawiciel Państwa Polskiego zarzuca dalej, że w razie nieograniczonej wykładni wyrazu „l'ayant droit", obejmowałby on nietylko obywateli polskich i niemieckich, lecz także obywateli Państw trzecich i że wykładnia taka naruszałaby prawa Państw trzecich. Trybunał Rozjemczy nie podziela tego zapatrywania. Jeżeli cudzoziemcom w równej mierze udzielono możliwości dochodzenia praw swoich jak własnym obywatelom, nie można się w tem dopatrzeć żadną miarą ograniczenia praw Państw trzecich, wszak chodzi o zarządzenie na korzyść a nie na niekorzyść cudzoziemców.

Odwołanie się do Trybunału Rozjemczego bez wszelkiej różnicy pod względem obywatelstwa dopuszczalne jest zresztą nie tylko na podstawie art. 5, także art. 588 czyni ewokację do Trybunału jedynie od tego zawisłą, aby chodziło o sprawę górnośląską. Także i tutaj nie czyni się żadnej różnicy ani też ograniczenia pod względem obywatelstwa.

Wreszcie zauważyć należy, że wedle art. 592 Konwencji sądy krajowe są związane opublikowanemi orzeczeniami Trybunału Rozjemczego. Czyż byłoby to zrozumiałem, gdyby z pod właściwości Trybunału Rozjemczego miały być wyłączone spory obywateli przeciw własnemu Państwu? Dalej, w jaki sposób możnaby wytłómaczyć, że sąd krajowy, gdy chce w sprawie własnego obywatela odbiec od opublikowanego orzeczenia Trybunału Rozjemczego, musi na to otrzymać przyzwolenie Trybunału Rozjemczego?

2) Przedstawiciel Państwa Polskiego zakwestjonował dalej właściwość Trybunału Rozjemczego z tego powodu, ponieważ nie wyczerpano instancji krajowych. Zaznacza, że uważa się już za uznaną zasadę prawa międzynarodowego,

Verfahrens vor einer internationalen Instanz der Zug der Landesinstanzen erschöpft sein müsse, und dieser Grundsatz habe auch in Art. 597 des Genfer Abkommens Anerkennung gefunden.

Auch dieser Einwand scheitert an dem klaren Wortlaut der hier entscheidenden Vorschrift des Genfer Abkommens, nämlich des Art. 5, dessen Wortlaut bereits oben mitgeteilt ist. Wenn hier bestimmt wird, daß das Schiedsgericht „unmittelbar auf die Klage des Berechtigten entscheidet", „sera directement tranchée sur plainte de ....", so kann dies gar nicht anders verstanden werden, als daß es der vorherigen Anrufung irgend einer anderen Instanz nicht bedarf. Die Ansicht des Polnischen Staatsvertreters, das Wort „directement" bedeute, daß der Berechtigte selbst, nicht nur sein Heimatstaat zur Klage befugt sei, ist nach Sinn und Stellung des Wortes „directement" abzulehnen.

Unrichtig ist auch die Auslegung, die der Polnische Staatsvertreter dem Art. 597 des Abkommens gibt. In diesem bereits oben mitgeteilten Artikel, der übrigens nur einen Grundsatz für die vom Schiedsgericht zu erlassende Verfahrensordnung (Art. 596) enthält und der Erleichterung des Geschäftsverkehrs und der Entlastung des Kollegiums des Schiedsgerichts dienen soll, ist dem Präsidenten des Schiedsgerichts die Befugnis gegeben, in dem Falle, daß das Schiedsgericht erst nach anderen Instanzen angerufen werden kann, verfrühte Anträge als unzulässig abzuweisen; in welchen Fällen aber die vorherige Anrufung anderer Instanzen erfolgen muß, das ist nicht im Art. 597 selbst bestimmt, auch nicht, wie der Polnische Staatsvertreter meint, aus dem allgemeinen Völkerrechte zu entnehmen, vielmehr sind hierfür die jeweils in Betracht kommenden Vorschriften des Genfer Abkommens entscheidend, auf die der Art. 597 klar und deutlich durch die Worte: „conformément aux dispositions de la présente Convention" („gemäß den Bestimmungen dieses Abkommens") verweist. Die hiernach im vorliegenden Falle maßgebende Vorschrift ist aber der bereits erörterte Art. 5, der ausdrücklich und klar vorschreibt, daß das Schiedsgericht unmittelbar angerufen werden kann.

iż przed wszczęciem procesu przed instancją międzynarodową musi być uprzednio wyczerpany tok instancji krajowych, a zasadę tę uznano także w artykule 597 Konwencji Genewskiej.

Zarzut ten również upada w obec jasnej osnowy decydującego w tej mierze przepisu Konwencji Genewskiej a to art. 5, którego brzmienie wyżej podano. Jeżeli artykuł ten postanawia, iż Trybunał Rozjemczy rozstrzyga „wprost na żądanie posiadacza prawa, „sera directement tranchée sur plainte de...“ to nie można przepisu tego inaczej rozumieć, jak tylko w ten sposób, iż nie potrzeba uprzedniego odwoływania się do jakiejkolwiek instancji. Zapatrywanie Przedstawiciela Państwa Polskiego, że wyraz directement znaczy, że posiadacz prawa sam a nie jego własne Państwo może jedynie ze skargą wystąpić, należy odrzucić z uwagi na sens i na miejsce, w jakiem wyraz ten jest umieszczony.

Mylną jest również wykładnia Przedstawiciela Państwa Polskiego artykułu 597 Konwencji. W artykule tym, którego treść już wyżej podano, zawierającym zresztą jedynie zasadę dla regulaminu procesowego, przez Trybunał wydać się mającego (art. 596), zasadę, mającą na oku ułatwienie toku czynności i odciążenie zespołu Trybunału Rozjemczego, upoważniono Prezydenta Trybunału Rozjemczego do odrzucenia przedwczesnych wniosków jako nie nadających się do rozpatrywania w sprawach, w których wolno wystąpić do Trybunału Rozjemczego dopiero po odwołaniu się do innych instancji. W jakich jednakowoż wypadkach to uprzednie odwołanie się do innych instancji jest wymagane, o tem w artykule 597 samym niema bliższej wzmianki, nie wynika to również, jak to Przedstawiciel Państwa Polskiego mniema, z zasad powszechnego prawa międzynarodowego, lecz decydują o tem odnośne przepisy Konwencji Genewskiej, do których art. 597 jasno i wyraźnie się odwołuje słowami „conformément aux dispositions de la présente Convention“ (stosownie do postanowień niniejszej Konwencji). Decydującym atoli w wypadku niniejszym jest przepis art. 5, który jasno i wyraźnie przepisuje, że można się wprost odwołać do Trybunalu Rozjemczego.

Zu Unrecht beruft sich auch der Polnische Staatsvertreter auf die Vorschrift des Art. 4 § 2 Ziff. 2, wonach der Grundsatz der Achtung der erworbenen Rechte eine die Rechtsverfolgung ausschließende Änderung der Gesetzgebung verbiete. Diese Vorschrift enthält eine Beschränkung der künftigen Gesetzgebung der beiden Vertragsstaaten und hat mit der hier in Rede stehenden Frage, ob die Anrufung des Schiedsgerichts erst nach Angehung der Landesinstanzen erfolgen darf, nichts zu tun.

Für die unmittelbare Zuständigkeit des Schiedsgerichts sprechen ferner die Art. 590 und 605 des Genfer Abkommens, die das Verhältnis der Zuständigkeit des Schiedsgerichts zur Zuständigkeit der Landesinstanzen grundsätzlich regeln. Wenn in diesen Artikeln bestimmt wird, daß durch die Zuständigkeit des Schiedsgerichts die Zuständigkeit der Landesgerichte oder der Landesbehörden nur insoweit berührt wird, als sich dies aus den Bestimmungen des Abkommens ergibt, und daß die Entscheidung des Schiedsgerichts, die dessen Zuständigkeit bejaht, abweichenden Entscheidungen der Landesinstanzen vorgeht, so ist damit klar anerkannt, daß es nach den Bestimmungen des Abkommens Fälle gibt, in denen die Zuständigkeit des Schiedsgerichts in die der Landesinstanzen eingreift.

Aus diesen Gründen ist der Einwand der Nichterschöpfung der Landesinstanzen abzuweisen, ohne daß es der Prüfung bedarf, ob im vorliegenden Falle überhaupt Landesinstanzen zur Entscheidung über den Schadensersatzanspruch zuständig waren, eine Frage, die der Polnische Staatsvertreter überhaupt nicht erörtert hat.

3) Hiernach muß das Schiedsgericht bei der Auslegung verbleiben, daß der Ausdruck l'ayant droit in Art. 5 des Abkommens nicht durch das Erfordernis einer bestimmten Staatsangehörigkeit einzuschränken ist und die Klage gemäß Art. 5 vor dem Schiedsgericht ohne vorherige Anrufung anderer Instanzen erhoben werden kann, eine Auslegung, welche das Schiedsgericht bereits früheren Entscheidungen zugrunde gelegt hat und die der Polnische Staatsvertreter selbst bisher niemals bemängelt, vielmehr ohne Widerspruch gelten gelassen hat, indem er in einer Reihe von Prozessen, die eben-

Niesłusznie powołuje się także Przedstawiciel Państwa Polskiego na przepis l. 2 § 2 art. 4, wedle którego zasada uszanowania praw nabytych zabrania zmian ustawodawczych, znoszących dochodzenie swoich praw. Przepis ten zawiera ograniczenia dotyczące przyszłego ustawodawstwa obu Państw układających się i niema nic wspólnego z kwestją tutaj omawianą t. j. kwestją, czy można odwołać się do Trybunału Rozjemczego dopiero po uprzedniem wyczerpaniu instancji krajowych. Za bezpośrednią właściwością Trybunału Rozjemczego przemawiają następnie artykuły 590 i 605 Konwencji Genewskiej, regulujące zasadniczo stosunek właściwości Trybunału Rozjemczego do właściwości instancji krajowych. Jeżeli artykuły te zawierają postanowienie, że właściwość Trybunału Rozjemczego dotyka kompetencji sądów i władz administracyjnych układających się Stron tylko w granicach Konwencji i że decyzja Trybunału, którą tenże uznał się właściwym, ma moc obowiązującą mimo odmiennych rozstrzygnięć władz krajowych, to uznano tem samem w sposób zupełnie jasny, iż wedle postanowień Konwencji zdarzają się wypadki, w których kompetencja Trybunału Rozjemczego wkracza w kompetencję instancji krajowych.

Z tych powodów należy odrzucić zarzut niewyczerpania instancji krajowych bez wdawania się w rozpatrywanie, czy w ogóle w niniejszym wypadku i które instancje krajowe byłyby właściwe do rozstrzygnięcia podniesionego roszczenia o odszkodowanie, którem to zagadnieniem Przedstawiciel Państwa Polskiego w ogóle się nie zajmował.

3. W obec tego Trybunał Rozjemczy musi pozostać nadal przy wykładni, że słowa „l'ayant droit“ w artykule 5 Konwencji nie należy ograniczać przez stawianie wymogu pewnego oznaczonego obywatelstwa, oraz że można wystąpić ze skargą wedle art. 5 przed Trybunałem Rozjemczym bez uprzedniego odwoływania się do innych in stancji, wykładni, na której Trybunał Rozjemczy opierał swoje poprzednie orzeczenia, której również Przedstawiciel Państwa Polskiego dotychczas nigdy nie kwestjonował, lecz przeciwnie sam bezsprzecznie uznawał, skoro w całym szeregu procesów, wniesionych

falls wegen Verletzung erworbener Rechte aus Anlaß der Einführung des Tabakmonopols bei dem Schiedsgericht anhängig gemacht worden waren, auf Anregung des Schiedsgerichts Vergleiche abgeschlossen hat.

---

2. Kaschny gegen den Polnischen Staat.

Klage eines Bahnspediteurs wegen Schadensersatzes infolge vorzeitiger Auflösung des Vertrages durch die Eisenbahnverwaltung.

Entscheidung vom 2. Juli 1924. C 3/24:

Die Klage wird abgewiesen.

Die Kosten des Rechtsstreits fallen dem Kläger zur Last.

Tatbestand.

Der Kläger war auf Grund eines mit der ehem. Königlichen Eisenbahnverkehrs-Inspektion in Ratibor als Vertreterin des preußischen Eisenbahnfiskus schriftlich geschlossenen Vertrages vom 12. November 1902 als Bahnspediteur in Loslau O/S. tätig. In § 10 des Vertrages ist vereinbart, daß die Kündigung nur für einen Monatsersten zulässig und daß hierbei eine Frist von drei Monaten einzuhalten ist. § 11 Abs. 2 gibt jedoch der Eisenbahnverwaltung das Recht, den Vertrag „sofort und ohne vorherige Kündigung aufzuheben, wenn der Unternehmer die übernommenen Verpflichtungen fortgesetzt nicht pünktlich erfüllen oder in Vermögensverfall geraten sollte“.

Nachdem die Staatshoheit über Loslau auf Polen übergegangen war, übersandte die polnische Eisenbahnverwaltung am 30. August 1922 dem Kläger folgendes Schreiben: „Laut § 11 Ziff. 2 des mit Ihnen als Spediteur und dem Eis. Ver-

również z powodu naruszenia praw nabytych przez wprowadzenie monopolu tytoniowego, na inicjatywę Trybunału Rozjemczego pozawierał ugody.

---

2. Kaschny przeciw Państwu Polskiemu.

Skarga spedytora kolejowego o odszkodowanie z powodu przedwczesnego rozwiązania umowy przez Zarząd kolejowy.

Orzeczenie z dnia 2. lipca 1924 r. C 3/24.
Skargę oddala się.
Koszty sporu ponosi powód.

Stan faktyczny.

Powód był czynny w Wodzisławiu w charakterze spedytora kolejowego na zasadzie pisemnej umowy, zawartej dnia 12 listopada 1902 r. z b. Królewską Inspekcją Ruchu kolejowego w Raciborzu, jako zastępczynią pruskiego Skarbu kolejowego.

W § 10 umowy postanowiono zgodnie, że wypowiedzenie może nastąpić tylko na pierwszy dzień miesiąca, przyczem należy dotrzymać okresu trzechmiesięcznego. Wedle ust. 2 § 11 przysługuje jednak Zarządowi Kolejowemu prawo natychmiastowego rozwiązania umowy bez poprzedniego wypowiedzenia, jeżeli przedsiębiorca stale nie będzie wykonywał sciśle na czas przyjętych zobowiązań, albo popadnie w ruinę majątkową. („Ebenso ist die Eisenbahnverwaltung befugt, den Vertrag in dem Falle sofort und ohne vorherige Kündigung aufzuheben, wenn der Unternehmer die übernommenen Verpflichtungen fortgesetzt nicht pünktlich erfüllen oder in Vermögensverfall geraten sollte").

Gdy Wodzisław przeszedł pod suwerenność Polski, Polski Zarząd kolejowy wysłał w dniu 30 sierpnia 1922 r. do powoda pismo następującej treści:

„Laut § 11 Ziff. 2 des mit Ihnen als Spediteur und dem

kehrsamt Ratibor abgeschlossenen Vertrages vom 12. November 1902 wird dieser genannte Vertrag eisenbahnseitig und ohne vorherige Kündigung von sofort ab als aufgehoben erklärt, und werden Sie gebeten, durch Ihre Namensunterschrift hierunter gefl. Kenntnis zu nehmen.

Im Auftrage des Verkehrsamts Rybnik

Bahnhof Loslau, den 30. August 1922

gez. Jan Kozok
Eis. Sekr."

Der Kläger erachtet die vorzeitige Auflösung des Vertrages für unberechtigt und fordert mit der Klage den ihm durch Nichteinhaltung der Kündigungsfrist entstandenen Schaden, den er auf 8000 Mark beziffert. Ferner verlangt er Rückgabe der von ihm seiner Zeit bei Abschließung des Vertrages hinterlegten Sicherheit von 200 Mark. Er folgert die Zuständigkeit des Schiedsgerichts zur Entscheidung über diese Ansprüche aus Art. 558 in Verbindung mit Art. 545 des deutsch-polnischen Abkommens über Oberschlesien vom 15. Mai 1922 (Genfer Abkommen), indem er die Ansicht vertritt, daß der Vertrag vom 12. November 1902 ein Angestelltenverhältnis zwischen ihm und der Eisenbahnverwaltung begründet habe.

Der beklagte Staat beantragt, die Klage abzuweisen. Er wendet die Unzuständigkeit des Schiedsgerichts ein. Der Kläger sei als Bahnspediteur nicht Angestellter, sondern selbständiger Gewerbetreibender gewesen. Es handele sich im vorliegenden Falle um einen Streit darüber, ob die Voraussetzungen des § 11 Abs. 2 des Vertrages für die sofortige Auflösung des Vertrages, welche Voraussetzungen der beklagte Staat im einzelnen darlegt, vorlägen. Hierfür sowie für den Anspruch auf Rückgabe der Sicherheit seien nur die ordentlichen Gerichte zuständig.

Der Kläger bestreitet die ihm von dem beklagten Staate vorgeworfenen Verfehlungen, sowie die Behauptung, daß er in Vermögensverfall geraten sei. Am 30. August 1922 sei

Eis. Verkehrsamt Ratibor abgeschlossenen Vertrages vom 12. November 1902 wird dieser genannte Vertrag eisenbahnseitig u. ohne vorherige Kündigung von sofort ab als aufgehoben erklärt und werden Sie gebeten, durch Ihre Namensunterschrift hierunter gefl. Kenntnis zu nehmen.

Im Auftrage des Verkehrsamtes Rybnik.

Bahnhof Loslau, den 30. August 1922.

Jan Kozok, Eis.-Sekr.

Powód jest zdania, że przedwczesne rozwiązanie umowy jest bezpodstawne i domaga się w drodze skargi zapłacenia szkody, powstałej wskutek niedotrzymania terminu wypowiedzenia w wysokósci 8000 marek niem. Dalej domaga się zwrotu zabezpieczenia w kwocie 200 marek niem., złożonego swego czasu przy sposobności zawarcia umowy. Kompetencję Trybunału Rozjemczego do orzekania o tych roszczeniach wysnuwa z artykułu 558 w związku z artykułem 545 Polsko-niemieckiej Konwencji Górnośląskiej z dnia 15 maja 1922 r. (Konwencji Genewskiej), wychodząc z założenia, że na zasadzie umowy z dnia 12 listopada 1902 zaistniał między nim a Zarządem Kolejowym stosunek funkcjonarjusza (Angestellter).

Pozwane Państwo złożyło wniosek o oddalenie skargi. Podnosi ono zarzut niewłaściwości Trybunału Rozjemczego. Powód w charakterze swoim spedytora kolejowego nie jest funkcjonarjuszem (Angestellter), lecz samoistnym przedsiębiorcą przemysłowym. W danym wypadku spór toczy się o to, czy istnieją przesłanki, wymienione w ustępie 2 § 11 umowy, uzasadniające natychmiastowe rozwiązanie umowy, i pozwane Państwo wykazuje szczegółowo, że przesłanki te istnieją. Zarzuca, że w tym przedmiocie jak też w przedmiocie roszczenia o zwrot zabezpieczenia właściwe są do orzekania wyłącznie sądy zwyczajne.

Powód zaprzecza, jakoby się dopuścił uchybień zarzuconych mu przez pozwane Państwo, przeczy również, jakoby popadł w ruinę majątkową. Dnia 30 sierpnia 1922

von der polnischen Eisenbahnverwaltung allen bisherigen Bahnspediteuren des abgetretenen Gebietes gekündigt worden.

Für das Vorbringen der Parteien wird im übrigen auf die zu den Akten eingereichten Schriftsätze verwiesen.

Entscheidungsgründe.

Die Zuständigkeit des Schiedsgerichts zur Entscheidung über den erhobenen Schadensersatzanspruch läßt sich nicht, wie der Kläger meint, aus Art. 558 in Verbindung mit Art. 545 des Genfer Abkommens herleiten. Art. 545 erklärt die Bestimmungen der Art. 501 bis 544 des Abkommens, die von den bei Übergang der Staatshoheit vorübergehend in den polnischen Eisenbahndienst übertretenden deutschen Eisenbahn-Beamten handeln, für entsprechend anwendbar auf die vorübergehend im polnischen Eisenbahndienst beschäftigten Angestellten. Unter jenen Bestimmungen befindet sich auch Art. 542, der den nach der Beendigung der Dienstleistung Abwandernden Befreiung von Fracht, Zoll, Gebühren und Abgaben beim Abtransport ihrer Habe gewährt, und in Art. 558 ist für diese aus Art. 542 sich ergebenden Ansprüche der Abwandernden das Verfahren bei Ausübung der Rechte der Optanten für entsprechend anwendbar erklärt, für das allerdings, wenn auch erst in letzter Instanz, das Schiedsgericht zuständig ist (Art. 55 und folgende des Genfer Abkommens). In dem vorliegenden Falle handelt es sich aber nicht um einen Anspruch auf freien Abtransport der Habe, sondern um einen Anspruch auf Schadensersatz wegen Nichteinhaltung der im Vertrage vom 12. November 1902 verabredeten Kündigungsfrist, so daß Art. 558 nicht zutrifft.

Dagegen bedarf der Entschädigungsanspruch des Klägers der Prüfung im Hinblick auf den in dem Art. 4 und 5 des Genfer Abkommens gewährleisteten und dem Schiedsgericht zugewiesenen Schutz der erworbenen Rechte. In Art. 4 § 1 haben Deutschland und Polen sich verpflichtet, die Rechte

wypowiedział polski Zarząd Kolejowy umowę wszystkim dotychczasowym spedytorom kolejowym, zajętym w odstąpionym obszarze.

Dalsze wywody stron zawarte są w pismach złożonych do aktów i na te pisma wystarczy się powołać.

Uzasadnienie.

Właściwość Trybunału Rozjemczego do rozstrzygnięcia dochodzonego roszczenia o odszkodowanie nie da się wysnuć, jak to powód mniema, z artykułu 558 w związku z artykułem 545 Konwencji Genewskiej. Artykuł 545 żawiera postanowienie, że przepisy artykułów 501 do 544 Konwencji, odnoszące się do urzędników kolejowych, którzy pozostawali w czasie przejścia suwerenności w służbie czasowej kolei polskich, mają w drodze analogji odpowiednie zastosowanie także do niemieckich funkcjonarjuszów (Angestellte), pozostających również czasowo w służbie kolei polskich. Między tymi przepisami znajduje się także art. 542, który zapewnia urzędnikom niemieckim, wracającym po ukończeniu służby do Niemiec, bezpłatny przewóz tudzież zwolnienie od opłat celnych, podatków i innych opłat przy transporcie ich mienia, a w artykule 558 mieści się postanowienie, że dla roszczeń, przedłożonych na podstawie art. 542 przez powracających, mają w drodze analogji odpowiednie zastosowanie przepisy co do postępowania przy wykonywaniu prawa opcji, w którem to postępowaniu uzasadniona jest także właściwość Trybunału Rozjemczego, jednakowoż dopiero w ostatniej instancji (art. 55 i następne Konwencji Genewskiej). W niniejszym wypadku nie chodzi jednak o roszczenie z tytułu wolnego przewozu mienia, lecz o roszczenie o odszkodowanie z powodu niedotrzymania umówionego w umowie z dnia 12 listopada 1902 r. terminu wypowiedzenia, wobec tego art. 558 niema tu zastosowania.

Roszczenie powoda o odszkodowanie musi być jednak rozpatrzone ze stanowiska prawnego ochrony praw nabytych, ochrony zapewnionej w artykułach 4 i 5 Konwencji Genewskiej a przekazanej właściwości Trybunału Rozjemczego. W artykule 4 § 1 Niemcy i Polska zobowiązały się

aller Art, die vor dem Übergang der Staatshoheit erworben worden sind, auf ihrem Teile des Abstimmungsgebietes anzuerkennen und zu achten. Sodann ist in § 2 der Inhalt dieser Verpflichtung in einigen Punkten näher bestimmt, und es wird hierbei in § 2 Ziff. 3 festgesetzt: „Werden Konzessionen oder Privilegien, die für im Abstimmungsgebiet gelegene oder zu errichtende Anlagen, Betriebe, Anstalten oder Unternehmungen erteilt worden sind, oder die sich auf einem im Abstimmungsgebiete belegenen Gegenstand beziehen (örtlich gebundene Konzessionen oder Privilegien), oder werden nicht auf Verleihung beruhende subjektive Rechte, einschließlich Forderungen, bei denen auch nur einer der im § 269 des Deutschen Bürgerlichen Gesetzbuches genannten Erfüllungsorte im Abstimmungsgebiete liegt, durch Anwendung allgemeiner Gesetze oder Anordnungen (par d'autres dispositions) aufgehoben oder beeinträchtigt, so ist der Staat, der die Gesetze anwendet oder die Anordnungen trifft, zur vollen Entschädigung verpflichtet."

Es entsteht die Frage, ob die Handlung der polnischen Eisenbahnbehörde, aus der der Kläger den Schadensersatzanspruch herleitet, nämlich die fristlose Kündigung des Bahnspediteurvertrages, eine solche staatliche Handlung ist, wie sie Art. 4 des Genfer Abkommens im Auge hat. Diese Frage muß verneint werden.

Der Vertrag vom 12. November 1902, den der Kläger über seine Tätigkeit als Bahnspediteur mit der damaligen Königlichen Eisenbahnverkehrs-Inspektion in Ratibor als Vertreterin des preußischen Eisenbahnfiskus geschlossen hat, ist ein Vertrag des Privatrechts, sei es, daß er ein Angestelltenverhältnis des Klägers zur Eisenbahnverwaltung begründete, wie der Kläger meint, sei es, daß der Kläger auch als Bahnspediteur selbständiger Gewerbetreibender blieb, wie der beklagte Staat annimmt. In dem Schreiben vom 30. August 1922, worin vom Bahnhofsvorstand in Rybnik die fristlose Kündigung gegenüber dem Kläger ausgesprochen ist, wird die Kündigung ausdrücklich auf § 11 Abs. 2 jenes Vertrages gestützt. Die polnische Eisenbahnverwaltung hat danach bei ihrem Ver-

uznać i uszanować na częściach obszaru plebiscytowego, im przyznanych, prawa wszelkiego rodzaju, nabyte przed zmianą suwerenności. Następnie w artykule 2 określono bliżej zakres tego zobowiązania co do kilku punktów, przyczem w l. 3 § 2 postanowiono: „Jeżeli koncesje lub przywileje, zezwalające na założenie lub dotyczące urządzeń, warsztatów pracy, zakładów lub przedsiębiorstw, położonych na obszarze plebiscytowym, lub też mających być tamże założonemi, jakoteż koncesje i przywileje, odnoszące się do innych przedmiotów, położonych na tymże obszarze (koncesje lub przywileje lokalne), lub też jeżeli prawa podmiotowe, które nie wynikają z koncesji, jako to wierzytelności, dla których choćby jedno z wymienionych w § 269 Niemieckiego Kodeksu Cywilnego miejsc świadczenia znajduje się na obszarze plebiscytowym — zostaną zniesione lub uszczuplone przez zastosowanie ustaw ogólnych lub też innych postanowień (par d'autres dispositions) — wówczas Państwo, które te ustawy zastosuje lub postanowienia te wyda, obowiązane będzie do wypłaty pełnego odszkodowania".

Zachodzi pytanie, czy działanie polskiej władzy kolejowej, z którego to działania powód wysnuwa roszczenie o odszkodowanie, mianowicie wypowiedzenie bez wszelkiego terminu umowy spedytora kolejowego, jest aktem państwowym, przewidzianym w artykule 4 Konwencji Genewskiej. Pytaniu temu należy zaprzeczyć.

Kontrakt z dnia 12 listopada 1902, który powód zawarł co do działalności swojej w charakterze spedytora kolejowego z ówczesną Królewską Inspekcją Ruchu Kolejowego w Raciborzu, jako zastępczynią pruskiego Skarbu kolejowego, jest umową z prawa prywatnego, bez względu na to, czy, jak to powód mniema, stworzyła ona między powodem a Zarządem kolei stosunek funkcjonarjusza, czy też, jak to utrzymuje pozwane państwo, powód pozostał również w swym charakterze spedytora kolejowego nadal samoistnym przedsiębiorcą przemysłowym. W piśmie z dnia 30 sierpnia 1922, w którym naczelnik stacji kolejowej w Wodzisławie z polecenia Urzędu ruchu w Rybniku, wystosował do powoda wypowiedzenie bez wszelkiego terminu, wypowiedzenie oparto wyraźnie

halten gegenüber dem Kläger sich ausdrücklich auf den Boden des Vertrages vom 12. November 1902 gestellt, und beide Parteien sind darüber einig, daß der beklagte Staat als Gegenpartei dieses Vertrages anzusehen ist. Danach stellt die Kündigung vom 30. August 1922 sich als eine Handlung dar, die der eine Teil eines privatrechtlichen Vertrages gegenüber dem anderen Teile vorgenommen hat, und deren Berechtigung er auf den bestehenden Vertrag stützt; sie ist ein Rechtsgeschäft, das dem Privatrecht angehört. Eine solche Handlung einer Staatsbehörde, die rein privatrechtlicher Natur ist, fällt aber nicht unter Art. 4 § 2 Ziff. 3 des Genfer Abkommens, sie ist keine „Anordnung" im Sinne dieser Vorschrift.

Eine andere Beurteilung kann das Schreiben vom 30. August 1922 auch dann nicht finden, wenn der beklagte Staat, wie der Kläger behauptet, an jenem Tage allen bisherigen Bahnspediteuren gekündigt haben sollte. Ob der Beweggrund des Handelns der polnischen Eisenbahnverwaltung das Deutschtum des Klägers war, wie der Kläger offenbar geltend machen will, ist im vorliegenden Falle rechtlich bedeutungslos. Es kommt nur darauf an, ob der beklagte Staat die im § 11 Abs. 2 des Vertrages für die vorzeitige Auflösung bestimmten Voraussetzungen als gegenüber dem Kläger gegeben darzutun vermag. Ein solcher Streit gehört aber nicht vor das internationale Schiedsgericht.

Auch für den zweiten mit der Klage geltend gemachten Anspruch, nämlich auf Rückgabe der vom Kläger s. Zt. auf Grund des Vertrages hinterlegten Sicherheit, fehlt es nach den Bestimmungen des Genfer Abkommens an der Zuständigkeit des Schiedsgerichts.

Die Klage ist hiernach im ganzen Umfange abzuweisen.

Die Kosten des Rechtsstreits fallen dem Kläger als der unterliegenden Partei zur Last.

na ustępie 2 § 11 powołanej umowy. Polski Zarząd kolejowy postępowanie swoje do powoda oparł wyraźnie na umowie z dnia 12 listopada 1902 i obydwie strony zgodne są co do tego, że pozwane Państwo należy uważać za drugą stronę kontraktową. Wobec tego wypowiedzenie z 30 sierpnia 1922 r. jest czynnością prawną, którą przedsięwzięła jedna strona, występująca w kontrakcie prywatno-prawnym przeciw drugiej stronie, a upoważnienie do tego działania opiera na zawartej umowie, jest więc czynnością prawną, wynikającą z prawa prywatnego. Czynność tego rodzaju urzędu państwowego, posiadająca wyłącznie charakter prywatno-prawny, nie jest objętą l. 3 § 2 artykułu 4 Konwencji Genewskiej, nie jest „postanowieniem" w rozumieniu tego przepisu.

Pisma z dnia 30 sierpnia 1922 nie można inaczej ocenić, gdyby rzeczywiście pozwane Państwo, jak to powód twierdzi, w owym dniu wypowiedziało także wszystkim dotychczasowym spedytorom kolejowym. Czy pobudką działania polskiego Zarządu kolejowego było przyznawanie się powoda do narodowości niemieckiej, — co powód widocznie chce zaznaczyć, — to fakt ten nie miałby w danym wypadku żadnego prawnego znaczenia. Chodzi bowiem jedynie o to, czy pozwane Państwo może wykazać, ze zaistniały warunki przedwczesnego rozwiązania umowy, przewidziane w ustępie 2 § 11 umowy. Spór tego rodzaju jednak nie należy do właściwości międzynarodowego Trybunału Rozjemczego.

Konwencja Genewska nie zawiera również postanowienia, uzasadniającego właściwość Trybunału Rozjemczego co do drugiego roszczenia, dochodzonego w skardze a mianowicie zwrotu zabezpieczenia, złożonego w swoim czasie na podstawie postanowień umowy.

Na tej zasadzie należało skargę w zupełności oddalić.

Koszty sporu nakłada się na powoda jako na stronę spór przegrywającą.

3. Frystatzki gegen den Polnischen Staat.

Klage eines Postbeamten wegen Schadensersatzes infolge Entlassung.

Entscheidung vom 27. Januar 1928 C 3/27:

Die Klage wird abgewiesen.

Der Kläger hat die Kosten des Verfahrens zu tragen.

Tatbestand.

Der Kläger ist am 1. April 1920 von der deutschen Oberpostdirektion Oppeln als Postbote mit dem Dienstorte Tarnowitz angenommen worden. Sein Anstellungsdienstalter wurde auf den 20. 8. 1912 festgesetzt. Am 1. Oktober 1921 wurde er als Postschaffner gegen 3 monatige Kündigung angestellt.

Bei Übergang der Staatshoheit trat er in die Dienste der polnischen Postverwaltung ein und wurde mit Ermächtigung des Polnischen Post- und Telegraphenministeriums vom 22. April 1923 zum Postassistenten in der V. Gruppe, l. Stufe des Gehaltsschemas nach den Grundsätzen des deutschen Beamtenbesoldungsgesetzes in Tarnowitz ernannt, wobei sein Anstellungsdienstalter vom 1. Mai 1923 an gerechnet wurde.

Am 27. 1. 1927 wurde er ohne Kündigung und Entschädigung aus dem polnischen Postdienste entlassen und zwar, wie er anführt, wegen seiner deutschen Staatsangehörigkeit. Er macht nun mittels Klage gegen den Polnischen Staat Entschädigungsansprüche und zwar ein 3monatiges Gnadengehalt und einen Pensionsanspruch bis zum 70. Lebensjahre nach der Assistentengruppe Stufe B des deutschen Beamtenbesoldungsgesetzes geltend, wobei er diesen Anspruch wie folgt begründet:

Auf Grund seiner Anstellung als deutscher Beamter habe er schon vor Übergang der Staatshoheit ein wohlerworbenes Recht auf Gehalt und Pension besessen, das infolge seiner Übernahme durch den Polnischen Staat von diesem anerkannt und geachtet werden sollte. Daß eine Übernahme erfolgt sei, ergebe sich aus folgendem: Im Dezember 1921 hätten Delegierte des Polnischen Post- und Telegraphenministeriums an ver-

3. Frystatzki przeciw Państwu Polskiemu.

Skarga urzędnika pocztowego o odszkodowanie z powodu zwolnienia go ze służby.

Orzeczenie z dnia 27 stycznia 1928 r. C 3/27.

Oddala się skargę powoda.
Powód ponosi koszty postępowania.

Stan faktyczny.

Niemiecka Naczelna Dyrekcja pocztowa w Opolu przyjęła powoda dnia 1 kwietnia 1920 r. do służby w charakterze posłańca pocztowego w Tarnowskich Górach. Datę starszeństwa służbowego ustalono z dniem 20 sierpnia 1912 r. Dnia 1 października 1921 r. zamianowano go konduktorem pocztowym za trzymiesięcznem wypowiedzeniem. —

W czasie zmiany suwerenności wstąpił do służby polskiej administracji pocztowej i z upoważnieniem polskiego Ministerstwa Poczt i Telegrafów z dnia 22 kwietnia 1923 r. zamianowano go asystentem pocztowym w Tarnowskich Górach w V. grupie I. szczebla płacy wedle zasad niemieckiej ustawy o uposażeniu służbowem, przyczem datę starszeństwa służbowego policzono od 1 maja 1923 r. —

Dnia 27 stycznia 1927 r. zwolniono powoda z polskiej służby pocztowej bez wypowiedzenia i zapłaty odszkodowania rzekomo z tego powodu, że jest obywatelem niemieckim. Skargą niniejszą dochodzi powód przeciw Państwu Polskiemu roszczenia o odszkodowanie, a mianowicie 3 miesięcznej pensji z łaski i poborów pensyjnych aż do 70 roku życia wedle grupy asystentów szczebel B. niemieckiej ustawy uposażeniowej. Roszczenia swe uzasadnia w sposób następujący:

W obec zamianowania go niemieckim urzędnikiem posiadał już przed zmianą suwerenności prawo nabyte do poborów i do pensji, które to prawo z powodu przejęcia go do służby przez Państwo Polskie, Państwo Polskie obowiązane było uznać i uszanować. Że nastąpiło „przejęcie“ wynika z następujących okoliczności: W grudniu 1921 r. delegaci Polskiego Ministerstwa Poczt i Telegrafów zwoływali

schiedenen Orten Oberschlesiens darunter auch in Tarnowitz Versammlungen der damals deutschen Postbeamten abgehalten und sie aufgefordert, bei Übergang der Staatshoheit in polnische Dienste überzutreten, wobei diese Delegierten namens der Polnischen Regierung die Zusicherung gegeben hätten, daß die Übernahme auf Grund der geltenden deutschen Bestimmungen unter Achtung aller in deutschem Dienste erworbenen Rechte erfolgen werde. Die sich Meldenden mußten sich einer Prüfung unterziehen, die Kläger Ende Dezember 1921 abgelegt hat, worauf ihm die Bestätigung über das Ergebnis der Prüfung mit dem Beifügen mitgeteilt wurde, daß er in Kürze zum Postassistenten in Polnisch-Oberschlesien ernannt werden würde. Dieses Zeugnis ist vom Obersten Volksrat für Oberschlesien Abt. Post- und Telegraphen (Naczelna Rada Ludowa na Górnym Śląsku Wydział Poczt i Telegrafów) am 30. Dezember 1921 ausgestellt.

Am 23. Mai 1922 habe sich der Delegierte des Post- und Telegraphenministeriums in Warschau an die Oberpostdirektion in Oppeln mit dem Ersuchen gewendet, durch Befragen des Personals festzustellen, wer bei der Übergabe in polnische Dienste überzutreten gedenke. Hierbei wurde bemerkt, daß die Besoldung nach deutschen Grundsätzen erfolge und den Angestellten durch Verordnung der polnischen Regierung vom 9. März 1922 in der Veröffentlichung des Ministeriums für Post- und Telegraphie vom 26. April 1922 sämtliche in preußischem Staatsdienste erworbenen Rechte garantiert werden, wobei die ungenügende Kenntnis der polnischen Sprache kein Hindernis für die dauernde Übernahme in den polnischen Staatsdienst bilden werde; sofern unter diesen Bedingungen Beamte den Übertritt zur polnischen Postverwaltung zu erklären gedenken, werde ersucht, deren Namen angeben zu wollen oder sie zur Einbringung eines Gesuches zu veranlassen.

Das vorgelegte Amtsblatt des Post- und Telegraphenministeriums Warschau vom 6. Juni 1922 enthält unter der Anschrift „Die Garantien, die den deutschen im polnischen Dienste verbleibenden Beamten zuerkannt werden" die Mitteilung, daß der Ministerrat in der Sitzung vom 13. April 1922 den Regierungsbeschluß vom 9. März d. Js., der den aus

w rozmaitych miejscowościach Górnego Śląska, między niemi także i w Tarnowskich Górach zgromadzenia niemieckich podówczas urzędników pocztowych i wzywali ich do przejścia do służby polskiej po zmianie suwerenności. Delegaci ci dawali imieniem Rządu polskiego zapewnienie, że przejęcie to nastąpi na podstawie obowiązujących przepisów niemieckich z uznaniem wszystkich praw nabytych w służbie niemieckiej. —

Zgłaszający się musieli się poddać egzaminowi, który to egzamin powód złożył w grudniu 1921 r., poczem wręczono mu poświadczenie z odbytego egzaminu z nadmienieniem, że wkrótce zostanie zamianowany asystentem pocztowym na Polskim Górnym Śląsku. Świadectwo to wydała Naczelna Rada Ludowa dla Górnego Śląska Wydział Poczt i Telegrafów dnia 30 grudnia 1921 r. —

Dnia 23 maja 1922 r. zwrócili się delegaci warszawskiego Ministerstwa Poczt i Telegrafów do Naczelnej Dyrekcji pocztowej w Opolu z prośbą o zapytanie personału, ktoby przy zmianie suwerenności miał zamiar przejść do służby polskiej zarazem zauważyli, że płaca uregulowana jest wedle zasad niemieckich i że rozporządzeniem Rządu Polskiego z dnia 9 marca 1922 r, zawartem w ogłoszeniu Ministerstwa Poczt i Telegrafów z dnia 26 kwietnia 1922 r. zagwarantowano urzędnikom wszelkie prawa nabyte w służbie państwowej pruskiej. Brak należytej znajomości języka polskiego nie miał stanowić przeszkody w przyjęciu do stałej polskiej służby państwowej: o ile pod tymi warunkami urzędnicy chcieliby przejść do administracji pocztowej polskiej proszono o podanie ich nazwisk albo o spowodowanie ich do wniesienia podań. —

Przedłożony dziennik urzędowy Ministerstwa Poczt i Telegrafów w Warszawie z dnia 6 czerwca 1922 r. zawiera pod napisem: „Gwarancje, przyznane urzędnikom niemieckim, pozostającym w służbie polskiej“, zawiadomienie, że Rada Ministrów na posiedzeniu z dnia 13 kwietnia 1922 r. uchwaliła rozciągnąć uchwałę Rządu z dnia 9 marca 1922 r.,

deutschen Diensten übernommenen Eisenbahnbeamten in Oberschlesien alle in deutschem Dienste erworbenen Rechte garantiert, auch auf die übernommenen Postbeamten ausdehnt.

Am 13. Juni 1922 erhielt der Kläger die vom Post- und Telegrapheninspektor Kattowitz ausgehende Aufforderung sich am 16. Juni 1922 um 9 Uhr früh im Postamte in Tarnowitz beim Amtsvorsteher zwecks Dienstübernahme zu melden.

Der Kläger behauptet nun, daß er durch die am 27. Januar 1927 erfolgte Entlassung aus dem Postdienste in seinen wohlerworbenen Rechten verletzt worden sei, weil der angegebene Grund, der Besitz der deutschen Staatsangehörigkeit, nicht stichhaltig sei. Er habe im Sinne des Art. 4 des Gesetzes über die polnische Staatsbürgerschaft vom 20. 1 1920 G. Bl. 7 Post. 44 durch Annahme eines öffentlichen Amtes die polnische Staatsbürgerschaft erworben, ohne allerdings seine preußische Staatsbürgerschaft zu verlieren. Seine unmittelbar nach Ablegung der Prüfung im Dezember 1921 geäußerten Bedenken, ob seiner Übernahme in den polnischen Staatsdienst nicht der Umstand entgegenstehe, daß er Reichsdeutscher sei, und ob er durch die Übernahme polnischer Staatsangehöriger werde, seien durch die Delegierten des polnischen Postministeriums dahin zerstreut worden, daß er nach dem polnischen Gesetze durch die Übernahme in den Staatsdienst ohne weiteres die polnische Staatsangehörigkeit erwerbe. Hierfür hat sich Kläger auf das Zeugnis der Postdirektoren Kołodziejczyk und Trocha und des Obersekretärs Ksonza berufen. Die Bestimmung des Art. 6 des polnischen Gesetzes über den Zivilstaatsdienst vom 17. Februar 1922 Dz. U. 21 Post. 164, wonach nur ein polnischer Staatsbürger Staatsbeamter sein könne, sei angesichts der Bestimmungen des Gesetzes über die Staatsbürgerschaft und angesichts der ausgesprochenen Garantien bedeutungslos.

Nach Beendigung des Schriftwechsels in dem vorliegenden Verfahren hat der Kläger noch ein am 31. Mai 1922 vom Obersten Volksrat für Oberschlesien Abt. Post und Telegraphen an ihn gerichtetes Schreiben überreicht, worin ihm mitgeteilt wurde, daß er in den polnischen Postdienst aufge-

gwarantującą urzędnikom kolejowym, przyjętym ze służby niemieckiej na Górnym Śląsku wszystkie prawa przez nich w służbie niemieckiej nabyte, także i na urzędników pocztowych. —

Dnia 13 czerwca 1922 r. otrzymał powód wezwanie z katowickiego inspektoratu poczt i telegrafów, by się zgłosił dnia 16 czerwca 1922 r. o godzinie 9-tej w urzędzie pocztowym w Tarnowskich Górach u naczelnika celem objęcia służby.

Powód twierdzi, że wydalenie ze służby pocztowej, uskutecznione dnia 27 stycznia 1927 r. narusza jego prawa nabyte, albowiem podana przyczyna wydalenia, że posiada obywatelstwo niemieckie, nie jest miarodajną. Na zasadzie art. 4 ustawy o obywatelstwie polskiem z dnia 20 stycznia 1920 r. Dz. U. Rz. P. No. 7 poz. 44 nabył obywatelstwo polskie przez przyjęcie urzędu publicznego, nie utracił atoli obywatelstwa pruskiego. Wątpliwości, które wyraził po złożeniu egzaminu w grudniu 1921 r., czy przyjęciu jego do służby państwowej nie stoi na przeszkodzie okoliczność, że jest obywatelem Rzeszy Niemieckiej i czy przez to przyjęcie stanie się obywatelem polskim, rozwiali delegaci polskiego Ministerstwa Poczt oświadczeniem, że wedle ustaw polskich przez przyjęcie do służby państwowej staje się tem samem obywatelem polskim. W tym względzie powołał się powód na świadectwo dyrektorów pocztowych Kolodziejczyka i Trochy i starszego sekretarza Ksonzy. Postanowienie art. 6 polskiej ustawy o służbie państwowej cywilnej z dnia 17 lutego 1922 r. Dz. U. Rz. P. No. 21 poz. 164, wedle którego tylko obywatel polski może być urzędnikiem państwowym, jest bez znaczenia wobec postanowień ustawy o obywatelstwie i wobec udzielonych mu gwarancji. —

Po ukończeniu postępowania pisemnego przedłożył powód jeszcze pismo Naczelnej Rady Ludowej Wydział Poczt i Telegrafów z dnia 31 maja 1922 r., w którem mu zakomunikowano, że przyjęto go do służby polskiej pocztowej i przydzielono do średniej służby urzędniczej przy Urzędzie

nommen und dem mittleren Beamtendienst beim Postamte in Tarnowitz zugeteilt worden sei; der Tag, an dem er zu erscheinen habe, werde ihm schriftlich bekanntgegeben werden. Zum Beweise, daß er diese Mitteilung erhalten und sich bereit erkläre, die angegebene Stellung zu übernehmen, werde er aufgefordert, die beigefügte Bescheinigung eigenhändig zu unterschreiben und an die genannte Stelle alsbald einzusenden.

Der Beklagte hat die kostenpflichtige Abweisung der Klage beantragt, weil der Kläger die polnische Staatsbürgerschaft wegen seiner deutschen Staatsbürgerschaft niemals habe erwerben können. Das polnische Gesetz über die Staatsbürgerschaft schließe den Besitz einer anderen Staatsbürgerschaft ausdrücklich aus, und daher sei auch die vom Kläger geltend gemachte Konstruktion eines sujet mixte für den Polnischen Staat bedeutungslos. Von einem wohlerworbenen Rechte könne deshalb nicht die Rede sein, weil es an einer Bindung des polnischen Staates fehle. Bezüglich der Eisenbahnbeamten sei im Genfer Abkommen ausdrücklich die Verpflichtung des polnischen Staates auf Übernahme festgestellt worden. Schon das Fehlen einer gleichen Bestimmung hinsichtlich der Postbeamten in diesem Abkommen, das auch über die Regelung des Postwesens Bestimmungen enthalte, deute darauf hin, daß eine solche Bindung nicht bestehe. Die vom Kläger behaupteten Zusicherungen und Versprechungen seien nicht solche des polnischen Staates, sondern nur solche von Organisationen und Verbänden, die den polnischen Staat nicht bänden. Infolgedessen sei vor dem Übergange der Staatshoheit kein vom polnischen Staate anerkanntes und übernommenes erworbenes Recht vorhanden gewesen. Der Kläger sei durch das Ernennungsdekret vom Mai 1923 zum Postassistenten ernannt worden. Dieses Ernennungsdekret habe konstitutive Wirkung. In diesem Ernennungsdekrete werde das Dienstalter vom 1. Mai 1923 an gezählt.

Entscheidungsgründe.

Der Kläger ist der Ansicht, daß seine Dienstleistung bei den polnischen Behörden sich als Übernahme und als Fortsetzung

Pocztowym w Tarnowskich Górach. Zawiadomiono go przytem, że o dniu, w którym ma się zgłosić do służby pocztowej, zostanie powiadomiony osobnem pismem. Wezwano go do podpisania własnoręcznego poświadczenia odbioru tego pisma i rychłego odesłania go do oznaczonej władzy, celem stwierdzenia, że otrzymał to zawiadomienie i że zgadza się na objęcie wzmiankowanej posady. —

Pozwany wniósł o oddalenie powoda z jego roszczeniami oraz o nałożenie nań kosztów, albowiem powód nie mógł nabyć obywatelstwa polskiego jak długo posiadał obywatelstwo niemieckie. Ustawa polska o obywatelstwie wyklucza wyraźnie możność posiadania innego obywatelstwa i dlatego też konstrukcja podana przez powoda, że uważa się za sujet mixte nie ma dla Państwa Polskiego żadnego znaczenia. O prawie nabytem nie może być mowy dlatego, ponieważ niema zobowiązania po stronie Państwa Polskiego. Odnośnie do urzędników kolejowych Konwencja Genewska wyraźnie ustanawia zobowiązanie Państwa Polskiego przyjęcia tych urzędników. —

Już sam fakt, że w Konwencji, zawierającej także przepisy, dotyczące uregulowania spraw pocztowych, brak takiego postanowienia, odnoszącego się do urzędników pocztowych, wskazuje na to, że zobowiązanie takie nie istnieje. Zapewnienia i obietnice, o których mówi powód, nie są przyrzeczeniami Państwa Polskiego lecz organizacji i związków, które nie wiążą Państwa polskiego. Dlatego nie istniało przed zmianą suwerenności żadne prawo nabyte, któreby Państwo Polskie uznało i przyjęło. Powoda zamianowano dekretem nominacyjnym z maja 1923 r. asystentem pocztowym. Dekret ten nominacyjny ma moc konstytucyjną. W dekrecie tym ustalono datę starszeństwa służbowego od dnia 1 maja 1923.

Uzasadnienie.

Powód mniema, że służbę jego w urzędach polskich uważać należy za przejęcie i za dalszy ciąg dawniejszego

des früheren Dienstverhältnisses darstelle, und daß daher alle Rechte aus dem Beamtenverhältnis, die ihm früher gegenüber dem Deutschen Reiche zugestanden, und die als wohlerworbene Rechte zu gelten haben, jetzt weiter beachtet werden müßten. Dieser Standpunkt wäre begründet, wenn der Kläger ein Recht auf Übernahme durch den Polnischen Staat gehabt hätte. Ein solches Recht kann aber nach den vorliegenden Beweisen nicht als vorhanden angesehen werden. Es gibt keine völkerrechtliche Bestimmung, die den ein Gebiet übernehmenden Staat verpflichtet, die auf diesem Gebiete beschäftigten Beamten ohne weiteres zu übernehmen. Infolgedessen kann auch nach dem Völkerrechte nicht von einem Rechte des Beamten auf Übernahme gesprochen werden. Diese Übernahme kann daher nur auf dem Wege von Staatsverträgen oder Abkommen erfolgen. Unbestritten sind über die Übernahme der Postbeamten in dem Genfer Abkommen keinerlei Bestimmungen ähnlichen Inhaltes wie über die Eisenbahnbeamten getroffen. Ebenso unbestritten ist es, daß über die Übernahme der Postbeamten kein Staatsvertrag oder Abmachungen zwischen den deutschen und polnischen Regierungsbehörden erfolgt sind. Wie die von dem Kläger selbst vorgelegten Schriftstücke beweisen, gingen die Zusicherungen bezüglich seiner Übernahme von seiten des Obersten Volksrates, Post- und Telegraphenabteilung, sowie von Delegierten des Warschauer Post- und Telegraphenministeriums aus und setzten eine Annahme seitens des Klägers voraus. Er wurde ebenso wie die anderen Postbeamten aufgefordert, sich zu melden und die Erklärung abzugeben, ob er damit einverstanden sei, in den polnischen Postdienst überzutreten. Die Übernahme wurde von der Ablegung einer Prüfung abhängig gemacht, woraus sich klar ergibt, daß auf seiten des Klägers kein Recht auf Übernahme bestanden hat. Zudem heißt es in der Mitteilung über das Prüfungsergebnis: „Sie werden demnächst zum Postassistenten in Polnisch-Oberschlesien ernannt“, und in der Verständigung vom 31. 5. 1922 heißt es: „Sie werden verständigt, daß Sie in den polnischen Postdienst aufgenommen und dem mittleren Postdienste beim Postamt in Tarnowskie Góry zugeteilt wurden. Zum Beweis, daß Sie sich mit der Übernahme dieses Postens einverstanden

stosunku służbowego, że wobec tego wszelkie prawa, przysługujące mu przedtem ze stosunku służbowego do Państwa Niemieckiego, muszą być uważane za prawa nabyte, które muszą być nadal uszanowane. Ten pogląd prawny byłby uzasadniony, gdyby powód wykazał prawo do przejęcia przez Państwo Polskie. Wedle przedstawionych dowodów prawo takie nie istniało. Niema postanowienia międzynarodowego, któreby zobowiązywało państwo obejmujące pewne terytorjum do przejęcia urzędników na tem terytorjum zatrudnionych. Dlatego też na zasadzie norm międzynarodowych nie można mówić o prawie urzędników do przejęcia. — Przejęcie takie może tedy nastąpić jedynie w drodze umów państwowych lub umów między rządami. Niespornem jest, że w danym wypadku niema w Konwencji Genewskiej postanowień tego rodzaju jak odnośnie do urzędników kolejowych. Tak samo niespornem jest, że co do przejęcia urzędników pocztowych nie zawarto żadnych umów państwowych lub umów między niemieckiemi i polskiemi władzami. Jak stwierdzają pisma, przez samego powoda przedłożone, przyrzeczenia, dotyczące przejęcia, wyszły ze strony Rady Naczelnej Narodowej, oddział Poczt i Telegrafów, i ze strony delegatów warszawskiego Ministerstwa Poczt i Telegrafów i zależały od oświadczenia zgody po stronie powoda. Tak jak innych urzędników pocztowych wezwano go do zgłoszenia się i do oświadczenia zgody na przejście do służby polskiej. Przejęcie uczyniono zawisłem od złożenia egzaminu, z czego dowodnie się okazuje, że po stronie powoda nie istniało żadne prawo do przejęcia. Ponadto w zawiadomieniu o wyniku egzaminu jest mowa o tem, że wkrótce zostanie zamianowany asystentem pocztowym na Polskim Górnym Śląsku i w zawiadomieniu z dnia 31 maja 1922 r. wyraźnie wypowiedziano: „Zawiadamia się, że Pana przyjęto do polskiej służby pocztowej i przydzielono do średniej służby przy urzędzie pocztowym w Tarnowskich Górach. O dniu zgłoszenia się do służby zostanie Pan osobnem pismem powiadomiony. Na dowód, że Pan powyższe zawiadomienie otrzymał i zgadza się na objęcie nadanej mu posady, zechce Pan poniżej podane poświadczenie podpisać i przesłać“. — Ze wszystkich tych

erklären, wollen Sie die unten angefügte Bestätigung eigenhändig unterschreiben und einsenden".

Aus allen diesen Umständen ergibt sich, daß im vorliegenden Falle keine Übernahme der Beamten in dem Sinne stattgefunden hat, daß in das bestehende Beamtenverhältnis an Stelle des deutschen der polnische Staat eingetreten wäre, sondern es ist zwischen dem Kläger und Polen ein neues Rechtsverhältnis begründet worden. Sowohl nach deutschem wie nach polnischem Recht wird das Dienstverhältnis eines Beamten nicht durch die Dienstausübung, sondern durch die für das Dienstverhältnis wesentliche und rechtsbegründende Tatsache der Ernennung und Aushändigung der Anstellungsurkunde, sowie deren Annahme begründet. Im vorliegenden Falle ist somit dieses neue Rechtsverhältnis zum Polnischen Staate nicht durch die tatsächliche Weiterausübung des Dienstes seitens des Klägers, sondern erst durch die fast ein Jahr nach Übergang der Staatshoheit im Jahre 1923 erfolgte Ernennung zum Postassistenten und Aushändigung und Annahme des Ernennungsdekretes begründet worden. Es ist daher alles, was der Ernennung vorausgegangen ist, entweder als bloße Vorbereitung der demnächst durch die Aushändigung des Ernennungsdekretes vollendeten Beamteneinsetzung anzusehen, oder es ist in der Annahme der Ernennungsurkunde zum Beamten ein Verzicht auf alle nicht aus der Beamteneigenschaft sich ergebenden Vorteile zu erblicken.

Diese beiden Möglichkeiten schließen jedoch ein gem. Art. 4 des Genfer Abkommens vor dem Übergange der Staatshoheit dem polnischen Staate gegenüber erworbenes Recht aus.

Damit ist aber nicht ausgesprochen, und es wird in diese Frage überhaupt nicht eingegangen, ob abgesehen vom Art. 4 des Genfer Abkommens und der nur insoweit gegebenen Zuständigkeit des Schiedsgerichts, die dem Kläger gemachten Zusicherungen vor einem ordentlichen polnischen Gericht nicht unter anderen Gesichtspunkten berücksichtigt werden müßten.

Auch die weiter vom Kläger aufgeworfene Frage, ob er kraft seiner Anstellung auf Grund des polnischen Gesetzes über die Staatsangehörigkeit die polnische Staatsangehörigkeit erworben hat, ist angesichts der Feststellung, daß er im Zeit-

okoliczności wynika, że w wypadku niniejszym nie nastąpiło żadne przejęcie urzędników pocztowych w tem znaczeniu, że w miejsce Państwa Niemieckiego wstąpiło Państwo Polskie, lecz że między powodem a Polską ustanowiono nowy stosunek prawny. Zarówno wedle polskiego jak i niemieckiego prawa stosunek służbowy urzędnika nie powstaje przez samo wykonywanie służby lecz przez fakt zamianowania i doręczenia i przyjęcia aktu nominacyjnego, która to nominacja jest dla powstania stosunku służbowego istotnym i prawo to stwarzającym momentem. W wypadku niniejszym stosunek ten prawny do Państwa Polskiego nie powstał tedy na podstawie faktycznej dalszej służby powoda, lecz przez zamianowanie go asystentem pocztowym prawie rok po przejściu suwerenności t. j. w roku 1923 i przez doręczenie i przyjęcie odnośnego dekretu nominacyjnego. Należy zatem uważać wszystko to, co poprzedzało to zamianowanie za czyny przygotowawcze zmierzające do ustanowienia urzędnika, które doszło do skutku przez wydanie dekretu nominacyjnego lub też należy uważać przyjęcie dekretu bez zastrzeżeń za rezygnację ze wszystkich korzyści nie wypływających wprost z charakteru urzędniczego.

Obie te możliwości wykluczają jednak prawo nabyte względem Państwa Polskiego na zasadzie art. 4 Konwencji przed zmianą suwerenności.

Orzeczenie to nie wypowiada jednak ani też Trybunał Rozjemczy nie rozpatruje kwestji, czy pominąwszy art. 4 Konwencji i połączoną z tem właściwość Trybunału Rozjemczego przyrzeczenia dane powodowi nie powinnyby być uwzględnione przez powszechny sąd polski na innej zasadzie prawnej.

Także dalsza przez powoda poruszona kwestja, czy na mocy nadania mu posady uzyskał na zasadzie polskiej ustawy o obywatelstwie polskie obywatelstwo nie może mieć wpływu na orzeczenie ze względu na ustalenie, że powód w chwili

punkte des Überganges der Staatshoheit kein wohlerworbenes Recht im Sinne des Art. 4 des Genfer Abkommens dem polnischen Staate gegenüber besessen hat, für die Entscheidung von keinem Einfluß.

---

4. Scherff betreffend Staatsangehörigkeit.
Art. 26 § 2 des Genfer Abkommens.

Entscheidung vom 18. Februar 1927. St. 1/26:

Die polnische Staatsangehörigkeit der Klara Scherff ist anzuerkennen.

Gründe.

Durch Entscheidung vom 29. Juli 1925 Zl 154/4 hat das Schlesische Wojewodschaftsamt in Kattowitz die Anerkennung der polnischen Staatsangehörigkeit der Witwe Scherff aus dem Grunde verweigert, weil sie seit dem Jahre 1920 ihren Wohnsitz in Oberösterreich hat und nicht im Sinne des Artikels 26 § 3 des Genfer Abkommens fristgemäß ihre Eintragung in die Register des für ihren Wohnsitz zuständigen Konsulats beantragt hat.

Gegen diese Entscheidung hat die Antragstellerin gemäß Art. 56 § 1 Ziff. 1 des Abkommens die Schlichtungsstelle für Staatsangehörigkeitsfragen angerufen, worauf auf Antrag des Polnischen Staatsvertreters diese Angelegenheit gemäß Art. 58 Zl. 2 des Abkommens dem Schiedsgerichte für Oberschlesien zur Entscheidung vorgelegt wurde.

Auf Grund der in den Akten befindlichen Urkunden und Beweisaufnahmen wird folgender Sachverhalt festgestellt:

Klara Scherff, die in erster Ehe mit Schimitzek verheiratet war, Tochter des Karl Welt und der Albertine geb. Hoffmann, geboren am 12. Oktober 1861 in Kattowitz, wohnte seit ihrer Geburt mindestens 18 Jahre hindurch bei ihren Eltern in Kattowitz, die dort schon zur Zeit ihrer Geburt ihren Wohnsitz hatten. Am 6. Juli 1910 heiratete sie in zweiter Ehe den in

zmiany suwerenności nie posiadał prawa nabytego względem Państwa Polskiego w rozumieniu artykułu 4 Konwencji.

---

4. Scherff o uznanie obywatelstwa.
Art. 26 § 2 Konwencji Genewskiej.

Orzeczenie z dnia 18. lutego 1927 r. St 1/26.
Obywatelstwo polskie Klary Scherff należy uznać.

Uzasadnienie.

Decyzją z dnia 29 lipca 1925 L. dz. 154/4 odmówił Śląski Urząd Wojewódzki w Katowicach uznania obywatelstwa polskiego wdowy Scherffowej na tej podstawie, że od roku 1920 ma zamieszkanie w Górnej Austrji i nie złożyła w przepisanym okresie wedle artykułu 26 § 3 Konwencji Genewskiej wniosku o zarejestrowanie jej w konsulacie polskim, właściwym wedle jej zamieszkania.

Przeciw decyzji tej odwołała się wnioskodawczyni stosownie do art. 56 § 1 L. 1 Konwencji do Komisji Polubownej dla spraw obywatelstwa, poczem na wniosek Przedstawiciela Państwa Polskiego sprawę tę skierowano po myśli art. 58 L. 2 Konwencji do Trybunału Rozjemczego dla Górnego Śląska celem rozstrzygnięcia.

Na podstawie dokumentów, znajdujących się w aktach i przeprowadzonych dowodów ustala się następujący stan faktyczny:

Klara Scherff, 1 voto Schimitzek, córka Karola Welta i Albertyny z domu Hoffmann, urodzona 12 października 1861 r. w Katowicach, mieszkała od urodzenia co najmniej ośmnaście lat przy swoich rodzicach w Katowicach, którzy już w chwili jej urodzenia mieli tam swoje zamieszkanie. Dnia 6 lipca 1910 r. wyszła po raz drugi zamąż za inspektora

Agneshütte Polnisch-Oberschlesien geborenen Ökonomie-Inspektor Max Scherff, dessen deutsche Staatsangehörigkeit nicht bestritten ist, war demnach zur Zeit des Überganges der Staatshoheit im polnischen Teile Oberschlesiens deutsche Staatsangehörige. Seit dem Jahre 1920 wohnt sie als Witwe bei ihren Kindern entweder in Oberösterreich oder in der Tschecho-Slowakei, da ihr Mann am 15. Oktober 1921 in Tarnowice Stare gestorben ist.

Es liegen demnach im vorliegenden Falle sämtliche Voraussetzungen des Art. 26 § 2 des deutsch-polnischen Abkommens über Oberschlesien vom 15. Mai 1922 vor, unter denen von Rechts wegen die polnische Staatsangehörigkeit erworben wird, und da in der Entscheidung des Schlesischen Wojewodschaftsamtes keine Tatsachen angeführt sind, welche den Verlust der polnischen Staatsangehörigkeit der Antragstellerin dargetan hatten, war deren polnische Staatsangehörigkeit auch anzuerkennen.

Die in der Entscheidung der Wojewodschaft angezogene Bestimmung des Art. 26 § 3 des Abkommens hat im vorliegenden Falle keine Anwendung, weil diese Bestimmung sich lediglich auf diejenigen Personen bezieht, welche zur Zeit des Überganges der Staatshoheit d. i. am 15. Juni 1922 entweder in Polen oder im deutschen Reichsgebiet wohnten, die Antragstellerin aber festgestelltermaßen schon damals im Auslande, d. i. in Österreich ihren Wohnsitz hatte. Es kann demnach dem Umstande, daß die Antragstellerin ihre Eintragung in die Register des zuständigen polnischen Konsulats im Auslande nicht beantragt hat, keine Bedeutung beigemessen werden, weil von dieser Registrierung weder im Genfer Abkommen noch im polnischen Gesetze über die polnische Staatsangehörigkeit vom 20. Januar 1920 (Dz. U. R. P. Nr. 7 Pos. 44) der Erwerb oder die Beibehaltung der polnischen Staatsangehörigkeit abhängig ist.

In die Frage, ob die Antragstellerin zur Zeit auch noch die deutsche Staatsangehörigkeit besitzt, braucht im gegenwärtigen Verfahren nicht eingegangen zu werden, weil die Antragstellerin lediglich ihren Rechtsanspruch auf die polnische Staatsangehörigkeit geltend macht und dieser Anspruch sowohl nach

ekonomicznego Maksymiljana Scherffa, urodzonego w Hucie Agnieszki na polskim Górnym Śląsku, którego niemieckie obywatelstwo nie jest zakwestjonowane, była zatem w chwili przejścia suwerenności na polskim Górnym Śląsku obywatelką niemiecką. Od roku 1920 mieszka po owdowieniu przy swoich dzieciach bądźto w Górnej Austrji bądźto w Czecho-Słowacji. Mąż jej zmarł 15 października 1921 r. w Tarnowicach Starych.

W danym wypadku istnieją tedy wszelkie przesłanki z art. 26 § 2 polsko-niemieckiej Konwencji Górnośląskiej z dnia 15 maja 1922 r., na podstawie których nabywa się obywatelstwo polskie z samego prawa, a ponieważ w decyzji Śląskiego Urzędu Wojewódzkiego nie naprowadzono żadnych faktów, któreby wykazywały, iż petentka utraciła obywatelstwo polskie, należało też jej obywatelstwo polskie uznać.

Powołany w decyzji Śląskiego Urzędu Wojewódzkiego przepis art. 26 § 3 Konwencji niema w danym wypadku zastosowania, albowiem przepis ten dotyczy jedynie osób, które w czasie przejścia suwerenności zamieszkiwały bądźto w Polsce bądźto w Niemczech, petentka zaś, jak to stwierdzono, zamieszkiwała już wówczas zagranicą, t. j. w Austrji. Okoliczność tedy, że petentka nie złożyła wniosku o zarejestrowanie jej w właściwym polskim Konsulacie zagranicą, niema znaczenia, albowiem od tej rejestracji nie załeży nabycie i utrzymanie obywatelstwa polskiego ani wedle Konwencji Genewskiej ani wedle polskiej ustawy z dnia 20 stycznia 1920 r. o obywatelstwie polskiem. (Dz. U. R. P. Nr. 7 poz. 44).

W obecnem postępowaniu niema potrzeby zajmować się zagadnieniem, czy petentka obecnie jeszcze posiada także obywatelstwo niemieckie, albowiem petentka domaga się jedynie uznania obywatelstwa polskiego, a to roszczenie prawne jest uzasadnione zarówno w art. 26 § 2 Konwencji

Art. 26 § 2 des Abkommens als auch nach Art. 2 Ziff. 3 des obenerwähnten polnischen Gesetzes vom 20. Januar 1920 (Dz. U. R. P. Nr. 7 Pos. 44) begründet ist.

---

5. Eichholz betreffend Wohnrecht.

Art. 29 des Genfer Abkommens.

Entscheidung vom 2. April 1927. St. 2/26:

Die Beschwerde des Direktors Eichholz gegen die Verfügung der Polizeidirektion in Kattowitz, womit ihm die Genehmigung zum weiteren Aufenthalt in Polnisch-Oberschlesien versagt wurde, wird abgewiesen.

Gründe.

Durch Verfügung der Polizeidirektion in Kattowitz vom 14. Juni 1926 Zl. III c 982/26 wurde dem Direktor Eichholz die Genehmigung zum weiteren Aufenthalt in Polnisch-Oberschlesien versagt. Gegen diese Verfügung hat der Antragsteller gemäß Art. 56 § 1 Ziff. 3 des deutsch-polnischen Abkommens über Oberschlesien vom 15. Mai 1922 die Schlichtungsstelle für Staatsangehörigkeitsfragen angerufen, worauf auf Antrag des deutschen Staatsvertreters diese Angelegenheit dem Schiedsgericht für Oberschlesien zur Entscheidung vorgelegt wurde.

Der Antragsteller behauptet, er habe in der Zeit zwischen dem 2. Januar 1908 und dem 1. Januar 1922 seinen Wohnsitz in Polnisch-Oberschlesien begründet und sei dort wohnberechtigt.

Diese Behauptung wird von den zuständigen polnischen Behörden und vom polnischen Staatsvertreter bestritten und sein Anspruch auf das Wohnrecht in Polnisch-Oberschlesien nicht anerkannt. Nach der Rechtsansicht des polnischen Staatsvertreters sei das Schiedsgericht zur Entscheidung dieser Angelegenheit nicht zuständig, weil es sich im gegenwärtigen Falle um keinen Schutz eines bestehenden Wohnrechts handelt.

Was zunächst den Einwand der Unzuständigkeit des Schieds-

jak też w artykule 2 L. 3 wyżej wymienionej polskiej ustawy z dnia 20 stycznia 1920 r. (Dz. U. R. P. Nr. 7 poz. 44).

---

5. Eichholz o prawo zachowania zamieszkania.
Art. 29 Konwencji Genewskiej.

Orzeczenie z dnia 2 kwietnia 1927 r. St. 2/26.

Zażalenia dyrektora Eichholza od zarządzenia Dyrekcji Policji w Katowicach, którem odmówiono mu zezwolenia na dalszy pobyt na obszarze Polskiego Górnego Śląska, nie uwzględnia się.

Uzasadnienie.

Zarządzeniem Dyrekcji Policji w Katowicach z dnia 14 czerwca 1926 L. III c 982/26 odmówiono dyrektorowi Eichholzowi zezwolenia na dalszy pobyt na Polskim Górnym Śląsku. Od tego zarządzenia odwołał się wnioskodawca po myśli art. 56 § 1 l. 3 polsko-niemieckiej Konwencji Górnośląskiej z dnia 15 maja 1922 do Komisji Polubownej dla Spraw Obywatelstwa, poczem na wniosek niemieckiego Przedstawiciela Państwa przedłożono sprawę tę do rozstrzygnięcia Trybunałowi Rozjemczemu dla Górnego Śląska.

Wnioskodawca utrzymuje, że w czasie między 2 stycznia 1908 r. a 1 stycznia 1922 r. miał swój domicyl (zamieszkanie) na Polskim Górnym Śląsku i że mu tam przysługuje prawo zamieszkania. Twierdzeniu temu zaprzeczyły właściwe władze polskie jak też i Przedstawiciel Państwa Polskiego i nie uznały jego roszczenia do zachowania zamieszkania na Polskim Górnym Śląsku. Wedle zapatrywania prawnego Przedstawiciela Państwa Polskiego nie jest Trybunał Rozjemczy właściwy do orzekania w tej sprawie, albowiem w danym wypadku nie chodzi o ochronę istniejącego prawa zamieszkania.

Zarzut niewłaściwości Trybunału Rozjemczego niema

gerichts betrifft, so muß ihm jede Berechtigung versagt werden. Im II. Teile des Abkommens über Oberschlesien wird den Angehörigen des einen Staates beim Verbleiben im Gebiete des anderen ein besonderer Schutz gewährleistet. Wenn der Antragsteller behauptet, er sei in den Rechten, die ihm als Wohnberechtigter zustehen, durch Maßnahmen einer Behörde verletzt worden, dann kann er gemäß Art. 56 § 1 Ziff. 3 des Abkommens die Schlichtungsstelle für Staatangehörigkeitsfragen anrufen, und wenn diese Angelegenheit gemäß Art. 58 des Abkommens dem Schiedsgericht zur Entscheidung vorgelegt wird, dann ist das Schiedsgericht auch zur Entscheidung der Frage, ob dem Beschwerdeführer das bestrittene Wohnrecht zusteht, zuständig.

Auf Grund der zu den Akten eingereichten Urkunden und auf Grund der durchgeführten Erhebungen wird folgender Sachverhalt festgestellt.

Der Deutsche Staatsangehörige Kuno Eichholz wurde am 1. September 1921 bei der Lignose A. G. in Berlin als kaufmännischer Prokurist mit dem Titel Direktor angestellt. Dieser Aktiengesellschaft gehörten auch die Sprengstoffwerke Pniowitz, Knurow und Neu-Berun, die nach der Teilung Oberschlesiens in das Polnische Gebiet fielen. Vor der endgültigen Grenzziehung wurde die Lignose A. G. geteilt und am 1. November 1921 für die auf polnischen Gebiete liegenden Werke eine neue Aktiengesellschaft Lignose Ost „Spólka Akcyjna Wschodnia" in Kattowitz gegründet. Direktor Eichholz wurde mit deren Organisation und mit der Überleitung der bisher für Rechnung der Lignose A. G. in Berlin getätigten Geschäfte auf die neue Gesellschaft betraut. Da die Aktiengesellschaft Lignose in Berlin an der neuen Gesellschaft noch mit 50% beteiligt war und die Trennung des Betriebes und der Verwaltung von der Muttergesellschaft nicht sofort durchgeführt werden konnte, war Direktor Eichholz während der Übergangszeit für beide Gesellschaften tätig. Im November und Dezember 1921 reiste er auch wiederholt nach Polnisch-Oberschlesien, um die dortigen Geschäfte zu besorgen und wohnte teils in Hotels oder auch in Unterkunftsräumen der verschiedenen Betriebe. Im Monat Mai 1922 hat er sich mit seiner

żadnej podstawy prawnej. W drugiej części polsko-niemieckiej Konwencji Górnośląskiej zapewniono obywatelom jednego państwa, gdy przebywają na terytorjum drugiego państwa, szczególną ochronę. Jeżeli więc wnioskodawca utrzymuje, że został pokrzywdzony przez zarządzenie władz w prawach, przysługujących mu na podstawie prawa zachowania zamieszkania, wówczas może wedle art. 56 § 1 lcz. 3 Konwencji odwołać się do Komisji Polubownej dla Spraw Obywatelstwa, a jeżeli sprawa ta wedle art. 58 Konwencji przedłożona zostanie Trybunałowi Rozjemczemu do rozstrzygnięcia, wówczas właściwym jest Trybunał Rozjemczy także dla rozstrzygnięcia pytania, czy żalącemu się przysługuje zakwestjonowane prawo zachowania zamieszkania.

Na podstawie dokumentów, złożonych w aktach, oraz na podstawie przeprowadzonych dochodzeń ustala się następujący stan faktyczny.

Obywatel niemiecki Kuno Eichholz otrzymał dnia 1 września 1921 r. w Spółce akcyjnej „Lignose" w Berlinie posadę kupieckiego prokurzysty z tytułem dyrektora. Do Spółki tej należały wówczas także fabryki materjałów wybuchowych w Pniowcu, Knurowie i w Nowym Bieruniu, które po podziale Górnego Śląska leżały na obszarze polskim. Przed ostatecznem pociągnięciem granicy podzielono Spółkę akcyjną Lignose i dnia 1 listopada 1921 utworzono dla fabryk, położonych na polskim obszarze, nową Spółkę akcyjną Lignose-Ost „Spółka akcyjna Lignoza Wschodnia" w Katowicach. Dyrektorowi Eichholzowi poruczono organizację tej spółki i zdanie interesów, zdziałanych na rachunek Spółki Lignose w Berlinie na rzecz nowej Spółki. Ponieważ Spółka akcyjna Lignose w Berlinie miała w nowej Spółce 50% udziałów a rozdział zarówno ruchu jak i zarządu od Spółki macierzystej nie mógł być natychmiast przeprowadzony, był dyrektor Eichholz w czasie przejściowym czynny dla obu tych spółek. W listopadzie 1921 r. mieszkał bądźto w hotelach bądźto w pomieszczeniach rozmaitych fabryk. W maju 1922 osiadł stale wraz z swoją żoną w Pniowcu na Polskim Górnym Śląsku.

Ehefrau ständig in Pniowitz in Polnisch-Oberschlesien niedergelassen.

Der Beschwerdeführer ist der Ansicht, daß diese Tätigkeit, die er im November und Dezember 1921 für die neue Gesellschaft in Polnisch-Oberschlesien entwickelt hat, und sein Aufenthalt daselbst zur Begründung des Wohnsitzes in Polnisch-Oberschlesien ausreichend sei; er beruft sich auch darauf, daß ihm durch den Starosten in Tarnowskie Góry am 4. August 1922 ein Identitätszeugnis auf Grund des Art. 305 Abs. 2 des Abkommens ausgefolgt wurde, was darauf hindeutete, daß er schon vor dem 1. Januar 1922 in Polnisch-Oberschlesien seinen Wohnsitz hatte.

Diese Rechtsanschauung ist jedoch nicht begründet.

Nach Art. 29 des Abkommens gilt als Wohnsitz einer Person der Ort, an dem der Schwerpunkt ihrer persönlichen und wirtschaftlichen Lebensverhältnisse liegt (le principal endroit de concentration de ses activités et intérêts tant personnels qu' économiques). Es wurde vom Beschwerdeführer gar nicht behauptet, daß er vor seiner Anstellung bei der Lignose A.-G. in Berlin irgendwelche Beziehungen zum Abstimmungsgebiete, sei es persönlicher oder wirtschaftlicher Natur gehabt habe. Er wohnte ständig in Berlin mit seiner Ehefrau, und nach seiner Anstellung bei der Lignose A.-G. in Berlin, im September 1921 war auch Berlin sein Dienstort. Nach Gründung der neuen Gesellschaft in Polnisch-Oberschlesien im November 1921 blieb er weiter im Dienste der Zentrale in Berlin, und obwohl der neue Wirkungskreis, der ihm überwiesen wurde, hauptsächlich die neue Gesellschaft in Polnisch-Oberschlesien betraf und seine Anwesenheit in Polnisch-Oberschlesien erforderte, handelte er doch im Auftrage und Interesse der beiden Gesellschaften, wobei hervorgehoben wird, daß die Muttergesellschaft in der Übergangszeit die Verwaltung weiterführte. Wenn nun erwogen wird, daß der Beschwerdeführer zu jener Zeit auch sein Heim, seine Familie und seine Anstellung in Berlin beibehielt, muß man nach den Gesamtverhältnissen zu dem Schlusse kommen, daß damals der Schwerpunkt seiner persönlichen und wirtschaftlichen Lebensverhältnisse nicht in Polnisch-Oberschlesien, sondern in Berlin lag.

Żalący się mniema, że działalność, jaką rozwinął w listopadzie i w grudniu 1921 r. dla nowej spółki na Polskim Górnym Śląsku niemniej jego pobyt tamże wystarcza do stworzenia „domicylu" na Polskim Górnym Śląsku i powołuje się także na to, że mu Starostwo w Tarnowskich Górach wydało dnia 4 sierpnia 1922 r. poświadczenie identyczności na podstawie art. 305 ust. 2 Konwencji, co na to wskazuje, że już przed 1 stycznia 1922 r. miał na Polskim Górnym Śląsku swoje zamieszkanie.

To zapatrywanie prawne nie jest jednak uzasadnione. Wedle art. 29 Konwencji uważa się za zamieszkanie danej osoby tę miejscowość, która jest ośrodkiem jej działalności i interesów zarówno osobistych jak i gospodarczych („le principal endroit de concentration de ses activités et intérêts tant personnels qu'économiques""). Zalący się wcale nie twierdził, jakoby przed otrzymaniem posady w Spółce akcyjnej Lignose w Berlinie, łączyły go jakiekolwiek stosunki z obszarem plebiscytowym o charakterze czyto osobistym czy też gospodarczym. Mieszkał on wówczas stale w Berlinie z swoją żoną a po otrzymaniu posady w Spółce akcyjnej „Lignose" w Berlinie w wrześniu 1921 był Berlin także jego miejscem służbowem. Po założeniu nowej Spółki na Polskim Górnym Śląsku w listopadzie 1921 pełnił dalej służbę w centrali w Berlinie, a jakkolwiek nowy zakres działania, który mu powierzono, dotyczył przeważnie nowej spółki na Polskim Górnym Śląsku, działał on przecież na zlecenie i w interesie obu Spółek, przyczem zaznaczyć należy, że Spółka macierzysta w czasie przejściowym sprawowała dalej zarząd. Jeżeli się więc zważy, że żalący się w owym czasie miał również swoje gospodarstwo domowe, swoją rodzinę i swoją posadę w Berlinie, musi się na podstawie całokrztałtu stosunków dojść do wniosku, że wówczas nie Polski Górny Śląsk lecz Berlin był ośrodkiem jego działalności i interesów zarówno osobistych jak i gospodarczych.

Die Ausstellung der Identitätskarte auf Grund der Bestimmung des Art. 305 Abs. 2 des Abkommens ist für die Beurteilung dieser Sache von keiner Bedeutung; denn für die Ausstellung einer solchen Karte war nach der bezogenen Bestimmung nicht der Wohnsitz (domicile), sondern lediglich die Tatsache des Wohnens seit dem 1. Januar 1922 entscheidend (à condition toutefois qu'elles habitent le territoire plébiscité depuis au moins le 1er janvier 1922).

Da nun nicht erwiesen ist, daß der Beschwerdeführer in der Zeit zwischen dem 2. Januar 1908 und dem 1. Januar 1922 seinen Wohnsitz in Polnisch-Oberschlesien begründet hatte, kann mangels der Voraussetzungen des Art. 40 des Abkommens sein Anspruch auf das Wohnrecht in diesem Gebiete nicht anerkannt und in der Verfügung der Polizeidirektion in Kattowitz vom 14. Juni 1926 keine Verletzung des Wohnrechts erblickt werden.

Während des Verfahrens vor dem Schiedsgericht hat der polnische Staatsvertreter die Erklärung abgegeben, es würden seitens der polnischen Behörden gegen den Beschwerdeführer keine Zwangsmaßnahmen unternommen werden, bis in der Sache durch das Schiedsgericht entschieden wird. Der Beschwerdeführer behauptet, der Leiter der Abteilung für Handel und Industrie bei der Wojewodschaft in Kattowitz habe seine Entlassung aus der Spólka Akcyjna Lignoza herbeigeführt, und er erblickt darin einen Verstoß gegen die Vorschrift des Art. 43 Abs. 1 des Abkommens. Diese Bestimmung bezieht sich jedoch nur auf diejenigen Personen, denen das Wohnrecht in Polnisch-Oberschlesien zusteht, und da dieses Recht dem Beschwerdeführer nicht zuerkannt wird, hat das Schiedsgericht keinen Anlaß, die Richtigkeit dieser Behauptung zu prüfen.

Das Schiedsgericht erachtet jedoch nach Lösung der Rechtsfrage für angezeigt, nochmals die durch Schreiben vom 16. Februar l. Js. dem polnischen Staatsvertreter erklärte Anregung auf wohlwollende Behandlung dieses Falles durch die polnische Regierung zu wiederholen, weil lediglich der Umstand, daß am Stichtag, d. i. am 1. Januar 1922, noch nicht sämtliche Voraussetzungen des Wohnsitzes im Sinne des

Wydanie karty identyczności na podstawie przepisów art. 305 ust. 2 Konwencji niema dla rozstrzygnięcia sprawy niniejszej żadnego prawnego znaczenia, albowiem wedle owego przepisu miarodajnem było dla wydania karty takiej nie zamieszkanie (domicyl), lecz jedynie fakt posiadania mieszkania co najmniej od 1 stycznia 1922 r. na obszarze plebiscytowym (à condition toutefois qu'elles habitent le territoire plébiscité depuis au moins le 1. janvier 1922).

Skoro tedy żalący się nie wykazał, że miał w czasie między 2 stycznia 1908 a 1 stycznia 1922 r. swoje miejsce zamieszkania na Polskim Górnym Śląsku, nie można było dla braku wymogów art. 40 Konwencji uznać jego roszczenia do prawa zachowania zamieszkania na tym obszarze, ani też dopatrzeć się w zarządzeniu Dyrekcji Policji w Katowicach z 14 czerwca 1926 naruszenia prawa zamieszkania.

W toku postępowania przed Trybunałem Rozjemczym Przedstawiciel Państwa Polskiego złożył oświadczenie, że władze polskie nie zastosują do żalącego się żadnych środków przymusowych aż do rozstrzygnięcia sprawy przez Trybunał Rozjemczy. Żalący się twierdzi, że kierownik Wydziału dla Handlu i Przemysłu w Województwie w Katowicach spowodował jego wydalenie ze Spółki akcyjnej „Lignoza" i dopatruje się w tem naruszenia przepisu art. 43 § 1 ust. 1 Konwencji.

Postanowienie to dotyczy jednak tylko tych osób, którym przysługuje na obszarze Polskiego Górnego Śląska prawo zamieszkania, a ponieważ prawa takiego żalącemu się nie przyznano, Trybunał Rozjemczy nie wdaje się w badanie zasadności tego twierdzenia.

Po załatwieniu kwestji prawnej uważa Trybunał jednak za wskazane ponownie zwrócić uwagę na swoją mocję, oświadczoną Przedstawicielowi Państwa Polskiego w piśmie z dnia 16 lutego br. na życzliwe traktowanie tej sprawy przez Rząd Polski, albowiem jedynie ta okoliczność, iż w dniu 1 stycznia 1922 r. nie istniały jeszcze wszystkie przesłanki miejsca zamieszkania wedle art. 29 Konwencji Genewskiej,

Art. 29 des Abkommens vorhanden waren, diese für den Beschwerdeführer ungünstige Lösung zur Folge hatte, diese Verhältnisse jedoch schon im Laufe des Jahres 1922 wesentlich zu seinen Gunsten sich geändert haben.

---

6. Dr. Bruck betreffend Wohnrecht.

Art. 43, 77, 82 in Verbindung mit Art. 56 des Genfer Abkommens.

Entscheidung vom 15. Oktober 1927. St. 9/27.

Die in dem Schreiben des Magistrats in Kattowitz vom 1. Februar 1927 ausgesprochene Kündigung des zwischen dem Antragsteller Dr. Bruck und der Stadt Kattowitz bestehenden Dienstverhältnisses verletzt Rechte, die dem Antragsteller als Wohnberechtigtem zustehen.

Tatbestand.

Der Antragsteller Dr. Bruck hat mit dem Magistrat der in Polnisch-Oberschlesien gelegenen Stadt Kattowitz vor dem Wechsel der Staatshoheit einen schriftlichen Vertrag geschlossen, worin ihm in neuer Regelung des bereits seit 1909 bestehenden Dienstverhältnisses die ärztliche Leitung des städtischen Kinderkrankenhauses neben anderen Obliegenheiten übertragen ist. Eine Abschrift des Vertrages, der vom 22. Juni 1921 datiert, nach Behauptung des polnischen Staatsvertreters aber erst im Juli zustandegekommen ist, befindet sich bei den Akten. Im § 1 ist über die Tätigkeit des Antragstellers folgendes vereinbart: „Dem leitenden Arzt der städtischen Säuglingsfürsorge, der staatlich anerkannten Säuglingspflegerinnenschule, der städtischen Säuglings- und Kleinkinderkrankenstationen, des Krippen- und Milchküchenwesens und der Mutterberatungsstelle, Herrn Dr. Bruck untersteht die gesamte offene und geschlossene Fürsorge des städtischen Säuglings- und Kleinkinderschutzes. Er ist der ärztliche Berater der Stadt in allen diesen Angelegenheiten. Seine Anträge werden durch den zuständigen Dezernenten soweit erforderlich an den Magistrat

spowodowała niekorzystne załatwienie dla żalącego się, stosunki te jednak już w ciągu roku 1922 istotnie zmieniły się na korzyść żalącego się.

---

6. Dr. Bruck o prawo zachowania zamieszkania.
Art. 43, 77, 82 w łączności z art. 56 Konwencji Genewskiej.

Orzeczenie z dnia 15 października 1927 r. St. 9/27.
Wypowiedzenie stosunku służbowego, istniejącego między wnioskodawcą Drem Bruckiem a miastem Katowicami, wyrażone w piśmie Magistratu z dnia 1 lutego 1927 r. narusza prawa, przysługujące wnioskodawcy jako uprawnionemu do zachowania zamieszkania.

Stan faktyczny.

Wnioskodawca Dr. Bruck zawarł z Magistratem miasta Katowice, na Polskim Górnym Śląsku, jeszcze przed zmianą suwerenności pisemną umowę, którą na nowo uregulowano istniejący już od 1909 r. stosunek służbowy i powierzono mu obok innych czynności kierownictwo lekarskie miejskiego szpitala dziecięcego. Odpis umowy tej, datowanej dnia 22 czerwca 1921 r., która wedle twierdzenia Przedstawiciela Państwa Polskiego doszła do skutku dopiero w lipcu, złożony jest w aktach. W przedmiocie funkcji wnioskodawcy postanowiono w § 1: „Lekarzowi kierującemu miejskiej opieki nad niemowlętami, uznanej przez państwo szkoły pielęgniarek niemowląt, miejskiej stacji dla niemowląt i stacji dla chorych dzieci, żłobków, kuchni mlecznych i stacji porady dla matek, Drowi Bruckowi podlega cała pozazakładowa i zakładowa piecza miejska nad niemowlętami i małemi dziećmi. Jest on doradcą miasta w wszystkich tych sprawach w dziedzinie lekarskiej. Wnioski jego przedkłada decernent właściwy Magistratowi do rozważenia, o ile tego wymaga potrzeba. W § 7 umowy zaznaczono, że posada ta nie

zur Beratung weitergeleitet". Im § 7 des Vertrages ist ausgesprochen, daß Beamteneigenschaft mit dieser Stelle nicht verbunden ist. Im § 8 ist bestimmt, daß die Stadt das Dienstverhältnis nur auf Grund des § 626 des Bürgerlichen Gesetzbuches (Vorliegen eines wichtigen Grundes) kündigen darf. Durch Schreiben des Magistrats vom 1. Februar 1927 wurde nun gemäß eines Magistratsbeschlusses vom 25. Januar 1927 dem Antragsteller der Vertrag für den 30. September gekündigt, wobei als Grund der Nichtbesitz der polnischen Staatsangehörigkeit angegeben wurde. Der Antragsteller ist der Ansicht, daß diese Kündigung Rechte verletzt, die ihm als in Polnisch-Oberschlesien wohnberechtigten deutschen Staatsangehörigen nach dem deutsch-polnischen Abkommen über Oberschlesien vom 15. Mai 1922 (im folgenden kurz Abkommen genannt) zustehen. Unstreitig hat er bei dem Wechsel der Staatshoheit am 15. Juni 1922 nicht die polnische Staatsangehörigkeit erworben, sondern die deutsche behalten, da er erst nach dem in Art. 25 des Abkommens festgesetzten Tage (1. Januar 1908) nämlich im Jahre 1909 seinen Wohnsitz von Heidelberg nach Kattowitz verlegt hat. Unstreitig ist ferner, daß der Antragsteller, da die Begründung des Wohnsitzes in Kattowitz vor dem 1. Januar 1922 erfolgt ist, zu den Deutschen gehört, die nach Art. 40 des Abkommens berechtigt sind, ihren Wohnsitz in Polnisch-Oberschlesien während eines Zeitraumes von 15 Jahren vom Übergange der Staatshoheit ab zu behalten, und denen das Abkommen eine bevorzugte Stellung im Vergleich zu den anderen Ausländern gewährt.

Der Antragsteller erblickt in der Kündigung eine Verletzung der von den Rechten der Wohnberechtigten handelnden Art. 43 und 82 und des in diesem in bezug genommenen Art. 77 des Abkommens. Diese Vorschriften haben, soweit sie für den vorliegenden Fall von Bedeutung sind, in der maßgebenden französischen Fassung folgenden Wortlaut:

Art. 43 § 1. „En ce qui concerne l'exercice de bonne foi de la profession ou activité lucrative à laquelle elles se livraient lors du transfert de la souveraineté, les personnes possédant le droit de conserver leur domicile ne seront soumises, sans préjudice des dispositions

nadaje charakteru urzędnika. W § 8 umowy tej postanowiono, że miastu wolno wypowiedzieć stosunek służbowy tylko na zasadzie § 626 kodeksu cyw. niem. (zaistnienie ważnego powodu). Pismem Magistratu z dnia 1 lutego 1927 r. wypowiedziano wnioskodawcy w wykonaniu uchwały Magistratu z dnia 25 stycznia 1927 r. umowę z dniem 30 września 1927 r., przyczem podano jako powód wypowiedzenia brak obywatelstwa polskiego.

Wnioskodawca jest zdania, że wypowiedzenie to narusza prawa, przysługujące mu jako obywatelowi niemieckiemu, uprawnionemu do zachowania zamieszkania na Polskim Górnym Śląsku na zasadzie polsko-niemieckiej Konwencji górnośląskiej z dnia 15 maja 1922 r. (w dalszym ciągu krótko Konwencją nazwanej). Nie jest sporne, że nie nabył on przy zmianie suwerenności (15 czerwca 1922 r.) obywatelstwa polskiego, lecz zatrzymał obywatelstwo niemieckie, ponieważ dopiero po dniu oznaczonym w art. 25 konwencji (1 stycznia 1908) a mianowicie w roku 1909 przeniósł zamieszkanie swe z Heidelbergu do Katowic. Nie jest dalej sporne, że wnioskodawca dlatego, że zamieszkanie swe ustanowił w Katowicach przed 1-szym stycznia 1922 r., należy do tych obywateli niemieckich, którzy wedle art. 40 Konwencji są uprawnieni do zachowania swego zamieszkania na polskim Górnym Śląsku na przeciąg lat 15-tu od chwili zmiany suwerenności, którym Konwencja przyznaje stanowisko uprzywilejowane w porównaniu do innych obcokrajowców.

Wnioskodawca dopatruje się w wypowiedzeniu naruszenia przepisów art. 43 i 82, zawierających postanowienia o prawach uprawnionych do zachowania zamieszkania w łączności z przepisem art. 77. Przepisy te, o ile mają znaczenie dla sprawy niniejszej, opiewają w miarodajnym tekście francuskim następnie:

Art. 43 § 1. „En ce qui concerne l'exercice de bonne foi de la profession ou activité lucrative à laquelle elles se livraient lors du transfert de la souverainité, les personnes possédant le droit de conserver leur domicile ne seront soumises, sans préjudice des dispositions

spéciales de la présente Convention, qu'aux restrictions légales applicables aux étrangers conformément à la législation en vigueur dans le territoire plébiscité à la date du transfert de la souveraineté. Pour le reste, ces personnes seront uniquement soumises aux lois auxquelles sont soumis les ressortissants du pays".

Art. 82. „S'appliquent aux personnes qui ont le droit de conserver leur domicile dans une des deux parties du territoire plébiscité:

l'article 77, pour autant qu'il ne s'agit pas de l'admission aux fonctions et emplois publics, y compris les fonctions honorifiques et les grades de l'armée".

Art. 77. „Tous les ressortissants seront traités sur un pied d'égalité en ce qui concerne l'admission aux emplois publics, fonctions et honneurs, y compris les grades de l'armée, ainsi qu'aux établissements publics, et en ce qui concerne l'octroi de diplômes, distinctions, etc."

[Art. 43 § 1. Vorbehaltlich der besonderen Bestimmungen dieses Abkommens unterliegen die Wohnberechtigten bei der redlichen Ausübung des Berufs oder der Erwerbstätigkeit, denen sie beim Übergange der Staatshoheit nachgingen, nur den gesetzlichen Beschränkungen, die nach den zur Zeit des Überganges der Staatshoheit im Abstimmungsgebiete geltenden Gesetzen auf Ausländer Anwendung finden. Im übrigen sind sie nur den gesetzlichen Bestimmungen unterworfen, die für die eigenen Staatsangehörigen gelten.

Art. 82. Auf die Wohnberechtigten in beiden Teilen des Abstimmungsgebiets finden Anwendung:

Art. 77, soweit es sich nicht um die Zulassung zu öffentlichen Ämtern, einschließlich der Ehrenämter und militärischen Chargen handelt.

Art. 77. Alle Staatsangehörigen sind bei der Zulassung zu öffentlichen Ämtern, Tätigkeiten und Ehrenstellun-

spéciales de la présente Convention, qu'aux restrictions légales applicables aux étrangers conformément à la législation en vigueur dans le territoire plébiscité à la date du transfert de la souveraineté. Pour le reste, ces personnes seront uniquement soumises aux lois auxquelles sont soumis les ressortissants du pays".

Art. 82. „S'appliquent aux personnes qui ont le droit de conserver leur domicile dans une des deux parties du territoire plébiscité:

l'article 77, pour autant qu'il ne s'agit pas de l'admission aux fonctions et emplois publics, y compris les fonctions honorifiques et les grades de l'armée".

Art. 77. „Tous les ressortissants seront traités sur un pied d'égalité en ce qui concerne l'admission aux emplois publics, fonctions et honneurs, y compris les grades de l'armée, ainsi qu'aux établissements publics, et en ce qui concerne l'octroi de diplômes, distinctions, etc.

[Art. 43 § 1. „Nie uwłaczając specjalnym postanowieniom niniejszej Konwencji, osoby posiadające prawo zachowania swego zamieszkania podlegają w zakresie uczciwego wykonywania swego zawodu lub sposobu zarobkowania, któremu się oddawały w chwili zmiany suwerenności, tylko tym ograniczeniom ustawowym, które miały zastosowanie wobec obcokrajowców na mocy ustawodawstwa obowiązującego na obszarze plebiscytowym w chwili zmiany suwerenności. Pozatem osoby te podlegać będą w powyższym zakresie tylko tym przepisom ustawowym, którym podlegają obywatele danego kraju".

Art. 82. Do osób, mających prawo zachowania zamieszkania na jednej z obu części obszaru plebiscytowego, mają zastosowanie:

art. 77, z wyłączeniem dopuszczenia do urzędów i funkcji publicznych, a więc i do urzędów honorowych oraz stopni wojskowych.

Art. 77. Wszyscy obywatele będą równo traktowani przy dopuszczaniu do urzędów publicznych,

gen, einschließlich der militärischen Chargen sowie bei der Zulassung zu den öffentlichen Anstalten und bei der Erteilung von Qualifikationen, Diplomen, Auszeichnungen usw. gleichmäßig zu behandeln.]

Der Antragsteller hat über die Kündigung zunächst sich bei der Wojewodschaft von Schlesien in Kattowitz beschwert. Diese lehnte jedoch durch Bescheid vom 25. April 1927 ein Einschreiten ab und verwies den Antragsteller zur Geltendmachung seiner Forderungen aus dem Vertrage auf den Rechtsweg.

Hierauf wandte sich der Antragsteller mit einem schriftlichen Antrage vom 2. Juni 1927 an das Schiedsgericht für Oberschlesien und begehrte darin unter Berufung auf die Art. 43, 82 und 77 des Abkommens die Feststellung, daß die vom Magistrat ausgesprochene und von der Wojewodschaft gebilligte Kündigung seiner Stellung als leitender Arzt des städtischen Kinderspitals rechtsunwirksam sei, da sie sowohl eine Vertrags- als auch eine Gesetzesverletzung bedeute. Dieser Antrag wurde auf Grund des Art. 597 des Abkommens durch Bescheid des Präsidenten des Schiedsgerichts vom 17. Juni 1927 E. R. 29/27 wegen Übergehens der in dem Abkommen als Zwischeninstanz vorgesehenen Schlichtungsstelle für Staatsangehörigkeitsfragen als im derzeitigen Stande des Verfahrens unzulässig abgewiesen.

Der Antragsteller hat darauf den Antrag vom 2. Juni 1927 bei der Schlichtungsstelle eingebracht, die sodann auf den Antrag des deutschen Staatsvertreters vom 13. September 1927 gemäß Art. 58 des Abkommens die Angelegenheit dem Schiedsgericht zur Entscheidung vorgelegt hat. Hierbei haben der deutsche und der polnische Beauftragte der Schlichtungsstelle zu der Angelegenheit wie folgt Stellung genommen.

Die Stellungnahme des deutschen Beauftragten der Schlichtungsstelle geht dahin, daß wohnberechtigte Reichsdeutsche bei der Zulassung zu öffentlichen Anstalten gleich den polnischen Staatsangehörigen zu behandeln und unter Zulassung zu öffentlichen Anstalten nicht nur die passive Benutzung dieser Anstalten, sondern auch die aktive Ausübung von Tätigkeiten an diesen Anstalten zu verstehen sei. Für den

funkcji i urzędów honorowych, nie wyłączając stopni wojskowych, oraz przy dopuszczaniu do instytucyj publicznych, zarówno jak i przy nadawaniu dyplomów, odznaczeń itd.]

Wnioskodawca żalił się przeciw wypowiedzeniu najpierw w Województwie Śląskiem w Katowicach. Pismem z dnia 25 kwietnia 1927 r. Województwo odmówiło jednakowoż ingerencji i odesłało wnioskodawcę do dochodzenia swych roszczeń z umowy wynikających na drogę prawa.

Następnie zwrócił się wnioskodawca z wnioskiem pisemnym z dnia 2 czerwca 1927 r. do Trybunału Rozjemczego dla Górnego Śląska i zażądał, powołując się na art. 43, 82 i 77 Konwencji, ustalenia, że wypowiedzenie mu przez Magistrat stanowiska lekarza kierującego w miejskim szpitalu dziecięcym, którego to wypowiedzenia Województwo nie zakwestjonowało, nie ma skutków prawnych, albowiem wypowiedzenie to narusza umowę oraz ustawę. Wniosek ten odrzucił Prezydent Trybunału Rozjemczego pismem z dnia 17 czerwca 1927 r. E. R. 29/27 jako wówczas niedopuszczalny, albowiem pominięto Komisję polubowną dla spraw obywatelstwa, stanowiącą organ pośredniczący.

Wnioskodawca wniósł następnie wniosek swój z 2 czerwca 1927 r. do Komisji polubownej, która następnie na wniosek niemieckiego Przedstawiciela państwa z dnia 13 września 1927 r. przedłożyła sprawę na zasadzie art. 58 Konwencji Trybunałowi Rozjemczemu do rozstrzygnięcia. Niemiecki i polski delegat tej komisji zajęli stanowisko następujące:

Wedle stanowiska niemieckiego delegata należy obywatela niemieckiego, posiadającego prawo zachowania zamieszkania, przy dopuszczaniu do instytucji publicznych traktować narówni z obywatelami polskimi, przyczem pod dopuszczeniem do instytucji publicznych należy rozumieć nie tylko bierne korzystanie z tych instytucji, lecz także i czynne wykonywanie zajęć w tych instytucjach. W razie

Fall der Nichtanwendbarkeit der Bestimmungen der Art. 77 und 82 des Abkommens komme Art. 43 in Frage, der jede Beschränkung in der Betätigung des bei Übergang der Staatshoheit ausgeübten Berufes untersage.

Der polnische Beauftragte dagegen vertritt die Ansicht, daß der Antragsteller „emplois et fonctions publics" auf Grund eines privatrechtlichen Vertrages ausgeübt habe, daher als Reichsdeutscher der Begünstigungen des Art. 77 des Abkommens nicht teilhaft sein könne. Art. 43 komme nicht in Frage, weil er ausdrücklich auf Sonderbestimmungen des Abkommens verweise, und die Sonderbestimmung des Art. 82 der Ausübung öffentlicher Funktionen durch Wohnberechtigte entgegenstehe. Für Angelegenheiten aus Art. 82 und 77 des Abkommens seien auch nur die in dem 3. Teile des Abkommens vorgesehenen Instanzen, nicht aber das Schiedsgericht zuständig.

Im Verfahren vor dem Schiedsgericht wurden unter Bezugnahme auf die vom polnischen Beauftragten der Schlichtungsstelle vertretene Anschauung, daß der Antragsteller fonctions et emplois publics ausgeübt habe, noch vor der mündlichen Verhandlung der polnische Staatsvertreter und der Antragsteller vom Schiedsgericht aufgefordert, alsbald in einem Schriftsatz dem Schiedsgericht anzugeben, worin die vom Antragsteller auf Grund des Vertrages ausgeübte Tätigkeit im einzelnen bestanden hat. In den hierauf eingereichten Schriftsätzen vom 12. Oktober 1927 ist folgendes angeführt.

Der Antragsteller bezeichnet seine Tätigkeit als eine rein ärztliche; Verwaltungstätigkeit habe er nicht ausgeführt, jede Aufnahme in das Krankenhaus sei von der Genehmigung des Magistrates abhängig gewesen. Er sei nur der ärztliche Vorgesetzte der Krankenschwestern gewesen, deren Anstellung sei durch den Magistrat, wenn auch auf seinen Antrag erfolgt. In der offenen Fürsorge habe jedes Rezept und jeder Milchzettel der Genehmigung des Magistrats bedurft. Auch als Ziehkinderarzt habe sich seine Tätigkeit auf die ärztliche Begutachtung beschränkt. Alle Verwaltungsmaßnahmen seien ohne seine Unterschrift erlassen, die laufende Wirtschafts-

niezastosowania przepisów art. 77 i 82 Konwencji należy mieć na względzie art. 43, zakazujący wszelkiego ograniczenia w zakresie wykonywania zawodu, jakiemu się osoba oddawała w chwili zmiany suwerenności.

Delegat polski zaś jest zdania, że wnioskodawca wykonywał „emplois et fonctions publics“ na podstawie umowy prywatnoprawnej, wobec czego jako obywatel niemiecki nie może korzystać z przywileju wymienionego w art. 77 Konwencji. Art. 43 dlatego niema tu zastosowania, ponieważ powołuje się on wyraźnie na postanowienia specjalne Konwencji a wedle przepisu specjalnego, zawartego w art. 82 osoba, mająca prawo zachowania zamieszkania, nie może wykonywać funkcji publicznych. Do rozstrzygania spraw, wymienionych w art. 82 i 77 Konwencji są wyłącznie właściwe instancje przewidziane w 3-ej części Konwencji, nie zaś Trybunał Rozjemczy.

W postępowaniu przed Trybunałem Rozjemczym wezwano z uwagi na zapatrywanie polskiego delegata komisji polubownej, że wnioskodawca pełnił „emplois et fonctions publics“ Przedstawiciela Państwa Polskiego i wnioskodawcę do rychłego pisemnego oświadczenia się jeszcze przed rozprawą ustną, jakie poszczególne czynności wykonywał wnioskodawca na podstawie umowy. Wniesione dnia 12 października pisma zawierają następujące wywody:

Wnioskodawca twierdzi, że czynności jego były czynnościami wyłącznie lekarskiemi. Funkcji administracyjnych nie wykonywał żadnych, każde przyjęcie chorego do szpitala zależało od zatwierdzenia Magistratu. Był on tylko lekarskim przełożonym sióstr pielęgniarek, które Magistrat na jego wniosek przyjmował. W opiece tzw. pozazakładowej dla każdej recepty i dla każdej asygnaty na mleko potrzebne było zatwierdzenie Magistratu. Czynności jego w charakterze lekarza wychowańców miejskich ograniczały się jedynie do wydawania opinji lekarskich. Wszelkie zarządzenia administracyjne wydawano bez jego podpisu, bieżące rachunki

rechnung ohne seine Mitwirkung aufgestellt, an der Budgetüberwachung sei er nicht beteiligt worden. Die Pflegerinnenschule sei beim Übergang der Staatshoheit als solche eingegangen, da der Antrag auf staatliche Anerkennung seitens der polnischen Behörden unbeantwortet geblieben sei; es seien nur noch Helferinnen ausgebildet worden, über deren Ausbildung ein vom Dezernenten des Magistrates und vom Antragsteller unterschriebenes Zeugnis ausgestellt worden sei, das keinen öffentlichen Charakter gehabt habe.

Der polnische Staatsvertreter hat dagegen unter Betonung, daß Dr. Bruck fonctions et emplois publics im Sinne des Art. 82 ausgeübt habe, insbesondere ausgeführt, daß die Leitung der städtischen Säuglings- und Kleinkinderstation als öffentliche Tätigkeit im Sinne der Städteordnung vom 31. Mai 1853 angesehen werden müsse. § 56 der Städteordnung weise dem Magistrat das Recht und die Pflicht der Verwaltung und Beaufsichtigung der städtischen Gemeindeanstalten zu. Die öffentlichrechtliche Verpflichtung der Stadt zur Führung des Kinderspitals habe ihre rechtliche Grundlage auch im Unterstützungswohnsitzgesetze vom 6. Juni 1870. Die Tätigkeit des Antragstellers an der staatlich anerkannten Säuglingspflegerinnenschule sei eine öffentliche gewesen, was auch aus dem zu den Akten überreichten Zeugnisse über die Prüfung einer Säuglingsschwester hervorgehe, ebenso sei auch die Tätigkeit als Ziehkinderarzt eine öffentlichrechtliche.

In der mündlichen Verhandlung haben sowohl der Antragsteller als auch der polnische Staatsvertreter ihren Standpunkt beibehalten, wobei der Antragsteller den schriftlichen Antrag vom 2. Juni 1927 gestellt und der polnische Staatsvertreter Abweisung des Antrages beantragt hat.

Zur Ergänzung seiner schriftlichen Ausführungen hat der polnische Staatsvertreter noch eine von einem Magistratsrat zu Protokoll genommene Erklärung des Büroinspektors Przystolik vorgelegt, indem dieser die Ausführungen des Dr. Bruck in dem Schriftsatz vom 12. Oktober 1927 als unrichtig bezeichnet und als Beispiele der Verwaltungstätigkeit des Dr. Bruck Krankenaufnahmen, Beurlaubungen und Entlassungen von Schwestern und Pflegerinnen anführt. Zu-

gospodarcze zestawiano bez jego współudziału, nie brał też udziału w wykonywaniu kontroli nad budżetem. Szkoła pielęgniarek przestała istnieć przy zmianie suwerenności, albowiem polskie władze nie załatwiły wniosku o nadanie tej szkole praw szkoły publicznej. W szkole tej wyuczano jedynie pomocnice, którym wystawiano świadectwa co do ich wyszkolenia, podpisane przez decernenta Magistratu i wnioskodawcę. Świadectwa te nie miały jednak znaczenia zaświadczenia publicznego. Zaznaczając, że Dr. Bruck pełnił „emplois et fonctions publics" po myśli art. 82 Konwencji, Przedstawiciel Państwa Polskiego wywodził, że kierownictwo miejskiej stacji niemowląt i małych dzieci uważane być musi za funkcję publiczną w rozumieniu ordynacji miejskiej z dnia 31 maja 1853 r.

§ 56 ordynacji tej przekazuje magistratowi prawo i obowiązek administracji i nadzoru miejskich zakładów gminnych. Ten publiczno-prawny obowiązek miasta do utrzymywania szpitala dia dzieci ma prawną swą podstawę także w ustawie o ustawowem miejscu wsparcia z dnia 6 czerwca 1870 r. Że funkcje wnioskodawcy w szkole pielęgniarek niemowląt, posiadającej charakter publiczny, były funkcjami publicznemi, wynika także z dołączonego świadectwa z egzaminu siostry opiekunki niemowląt; taksamo i funkcja wnioskodawcy jako lekarza wychowańców miejskich była funkcją publiczno-prawną.

Przy rozprawie ustnej tak wnioskodawca jak i Przedstawiciel Państwa Polskiego nie zmienili swego stanowiska prawnego, przyczem wnioskodawca złożył wniosek pisemny z dnia 2 czerwca 1927, Przedstawiciel Państwa Polskiego zaś wniósł o odrzucenie tegoż.

W uzupełnieniu swych wywodów pisemnych przedłożył Przedstawiciel Państwa Polskiego protokuł, spisany przez radcę Magistratu z inspektorem biurowym Przystolikiem, w którym tenże oświadcza, że wywody Dr. Brucka są nietrafne, przyczem podaje przykłady funkcji administracyjnej Dra. Brucka, np. przyjmowanie chorych, urlopowanie i zwalnianie sióstr i pielęgniarek. Równocześnie przedłożył Przedstawiciel Państwa Polskiego kilka dowodów

gleich hat der polnische Staatsvertreter hierfür einige Belege zu den Akten überreicht und schließlich noch behauptet, daß für die Kündigung des Dr. Bruck außer dem angeführten Grunde der mangelnden polnischen Staatsangehörigkeit auch noch andere Gründe vorgelegen hätten, insbesondere die mangelhafte Kenntnis der polnischen Sprache, die es dem Antragsteller unmöglich mache, die von ihm übernommenen Verpflichtungen zu erfüllen, insbesondere Vorträge in der Pflegerinnenschule in polnischer Sprache abzuhalten. Zum Beweise hierfür sind einige von dem Antragsteller in polnischer Sprache ausgestellte Krankenzettel sowie ein von ihm gefertigtes Schriftstück aus der mit ihm vorgenommenen Prüfung in der polnischen Sprache überreicht.

In rechtlicher Hinsicht hat der polnische Staatsvertreter die Begründung des Abweisungsantrages in folgenden Sätzen schriftlich zusammengefaßt:

1. der Polnische Staat sei passiv nicht legitimiert und die etwaige Entscheidung könne lediglich Rechtsfolgen im Sinne des Art. 591 des Abkommens haben.

2. die Klage sei auf Grund der Art. 590 und 597 des Abkommens unzulässig.

3. Im Hinblicke auf die Regelung der Rechtsmittel für den 3. Teil des Abkommens in dem 3. Titel dieses Teiles sei das Schiedsgericht zur Auslegung der Art. 77 und 82 nicht berufen. Der Art. 43 des Abkommens sehe die Anwendung der allgemeinen Gesetze für die im Art. 40 bezeichneten Personen vor. Mit Rücksicht darauf sei das Schiedsgericht im Sinne des Art. 590 zur Entscheidung über das Bestehen eines Privatrechtsverhältnisses nicht zuständig.

4. Die Klage sei in der Sache unbegründet, weil Art. 82 Abs. 3 die Ausübung der dem Antragsteller nach dem Dienstvertrage obliegenden Tätigkeiten nicht zulasse. Der Art. 43 sehe die Anwendung des Bürgerlichen Gesetzbuches für den Kläger vor. Die Kündigung des Dienstverhältnisses wegen eines wichtigen Grundes sei sowohl wegen der fremden Staatsangehörigkeit als auch wegen des Mangels entsprechender Kenntnisse der polnischen Sprache zur Ausübung der von ihm vertraglich übernommenen Verpflichtungen begründet.

pisemnych w przedmiocie tych czynności do aktów. Wreszcie podniósł Przedstawiciel Państwa Polskiego, że oprócz powodu, wymienionego w wypowiedzeniu, mianowicie braku obywatelstwa polskiego po stronie Dr. Brucka istnieją jeszcze inne powody wypowiedzenia, w szczególności brak dostatecznej znajomości języka polskiego, uniemożliwiający wnioskodawcy sprawowanie przyjętych w umowie obowiązków w szczególności odbywania wykładów w języku polskim w szkole pielęgniarek.

Na udowodnienie tego twierdzenia przedłożył kilka zaświadczeń, dotyczących zachorowania, spisanych przez wnioskodawcę w języku polskim, jakoteż podpisane przez niego pismo, dotyczące egzaminu z języka polskiego.

Pod względem prawnym sformułował Przedstawiciel Państwa Polskiego uzasadnienie swego wniosku o odrzucenie żądania wnioskodawcy w tezach następujących:

1. Pozwanemu brak w niniejszym sporze biernej legitymacji a ewentualny wyrok może mieć prawne skutki jedynie po myśli art. 591 Konwencji.

2. Skarga powoda jest niedopuszczalna na zasadzie art. 590 i 597 Konwencji Górnośląskiej.

3. Wobec limitatywnego uregulowania środków prawnych do części III Konwencji w tytule III tejże części Trybunał nie posiada kompetencji do interpretowania art. 77 i 82.

Art. 43. Konwencji przewiduje stosowanie powszechnego ustawodawstwa do osób określonych w art. 40. Wobec tego po myśli art. 590 Trybunał nie jest kompetentny do orzekania o istnieniu stosunku prawnego z kodeksu cywilnego.

4. Skarga powoda jest merytorycznie nieuzasadniona, ponieważ art. 82 ustęp 3 nie zezwala, aby powód pełnił funkcje, do których się umową zobowiązał.

Art. 43 przewiduje stosowanie kodeksu cywilnego do powoda. Wypowiedzenie umowy służbowej powodowi z ważnego powodu jest uzasadnione tak z powodu obcego obywatelstwa powoda jak i z powodu braku odpowiedniej znajomości języka polskiego do wykonywania czynności, do których się powód umową zobowiązał.

Der deutsche Staatsvertreter hat bei der Stellungnahme zu der Angelegenheit sich im wesentlichen den Ausführungen des deutschen Beauftragten der Schlichtungsstelle angeschlossen und außerdem zur Begründung der Ansicht, daß die Kündigung eine Maßnahme einer Behörde darstelle, unter Benennung von Zeugen behauptet, die Wojewodschaft von Schlesien habe auf den Magistrat eingewirkt, dem Antragsteller zu kündigen, damit die von ihm eingenommene Stelle mit einem Polen besetzt werde. Der polnische Staatsvertreter hat diese Behauptung bestritten.

Der Antragsteller hat noch, bevor die Sache von der Schlichtungsstelle dem Schiedsgericht vorgelegt worden war, unter dem 23. September 1927 beim Schiedsgericht einen Antrag auf Erlassung einer einstweiligen Entscheidung des Inhalts gestellt, daß die bisher von ihm innegehabte Stellung vor der Entscheidung des Schiedsgerichts nicht neu besetzt werden dürfe. Durch Beschluß vom 1. Oktober 1927 hat jedoch das Schiedsgericht von einer einstweiligen Entscheidung abgesehen, weil inzwischen die Hauptsache von der Schlichtungsstelle dem Schiedsgericht zur Entscheidung vorgelegt war, und nunmehr nach Ansicht des Schiedsgerichts die Bestimmungen des Art. 58 Abs. 3 des Abkommens zur Anwendung kamen.

Am 3. Oktober 1927 hat Dr. Bruck den Antrag auf einstweilige Entscheidung erneuert und nunmehr eine solche des Inhalts begehrt, daß das aus seinem Dienstvertrage sich ergebende Dienstverhältnis bestehen bleibe bezw. wiederhergestellt werde, bis das Schiedsgericht entschieden habe. Zur Begründung ist angeführt, daß inzwischen die von ihm innegehabte Stelle anderweitig besetzt und ihm die weitere Dienstleistung verwehrt, auch die Zahlung der Vergütung eingestellt worden sei. Durch Beschluß vom 6. Oktober 1927 hat das Schiedsgericht die Entscheidung über diesen Antrag ausgesetzt, weil der Termin zur mündlichen Verhandlung der Hauptsache bereits auf den 14. Oktober 1927 anberaumt war.

Niemiecki Przedstawiciel Państwa uzasadniając swoje stanowisko w tej sprawie przyłączył się co do istoty rzeczy do wywodów delegata niemieckiego Komisji Polubownej, ponadto celem uzasadnienia swego zapatrywania, że wypowiedzenie jest zarządzeniem władzy, powołał się na świadków i twierdził, że Województwo Śląskie wpłynęło na magistrat, by wypowiedział wnioskodawcy posadę w tym celu, aby posada ta zajmowana przez niego, mogła być nadaną Polakowi. Temu twierdzeniu Przedstawiciel Państwa Polskiego zaprzeczył.

Wnioskodawca złożył jeszcze dnia 25 września 1927 r., nim sprawa została przedłożona Trybunałowi Rozjemczemu przez Komisję Polubowną, wniosek o wydanie orzeczenia tymczasowego tej treści, że posada dotychczas przez niego zajmowana przed rozstrzygnięciem sprawy przez Trybunał Rozjemczy nie może być na nowo obsadzona.

Uchwałą z dnia 1 października 1927 r. Trybunał Rozjemczy wstrzymał się od wydania orzeczenia tymczasowego, bo tymczasem sprawa główna została przedłożona Trybunałowi Rozjemczemu przez Komisję polubowną a wedle zapatrywania Trybunału postanowienia art. 58 ustęp. 3 Konwencji znalazły zastosowanie. Dnia 3 października 1927 r. ponowił Dr. Bruck wniosek o wydanie orzeczenia tymczasowego i prosił tym razem o wydanie orzeczenia tej treści, by stosunek służbowy, wynikający z umowy służbowej, istniał nadal względnie został przywrócony aż do rozstrzygnięcia Trybunału. Na uzasadnienie podał, że w międzyczasie nadano posadę przez niego dotychczas zajmowaną innej osobie a jemu wzbroniono wykonywanie dalszej służby i wstrzymano wypłatę wynagrodzenia. Uchwałą z dnia 6 października 1927 r. wstrzymał Trybunał Rozjemczy rozstrzygnięcie w przedmiocie tego wniosku, ponieważ termin do ustnej rozprawy w sprawie głównej wyznaczony już został na dzień 14 października 1927 r.

Entscheidungsgründe.

I.

Zuständigkeit des Schiedsgerichts.

Die Zuständigkeit des Schiedsgerichts für Streitigkeiten über das Wohnrecht richtet sich nach der Zuständigkeit der als Vorinstanz des Schiedsgerichts eingerichteten Schlichtungsstelle für Staatsangehörigkeitsfragen (Art. 58 des Abkommens). Über die Zuständigkeit der Schlichtungsstelle bestimmt Art. 56 des Abkommens, soweit er hier von Bedeutung ist:

„Peut en appeler à la Commission de conciliation en matière de nationalité, toute personne qui, en vertu de dispositions de la présente partie,

1. . . . .

2. . . . .

3. prétend, par suite de mesures prises par une autorité être lésée dans les droits résultant de son droit de conserver son domicile.“

[Die Schlichtungsstelle kann anrufen, wer auf Grund der Bestimmungen dieses Teiles:

1. . . . .

2. . . . .

3. durch die Maßnahmen einer Behörde in den Rechten verletzt zu sein behauptet, die ihm als Wohnberechtigten zustehen.]

Die Einwendungen des polnischen Staatsvertreters gegen die Zuständigkeit des Schiedsgerichtes betreffen zwei Punkte:

1. Der polnische Staatsvertreter ist der Ansicht, es handle sich im vorliegenden Falle nicht um die Verletzung von Rechten, die aus dem Wohnrecht fließen, auch nicht um eine Verletzung durch eine Maßnahme einer Behörde, sondern um die angebliche Verletzung eines privatrechtlichen Dienstvertrages durch den Vertragsgegner, die Stadt Kattowitz. Ein solcher Streit gehöre vor die ordentlichen Gerichte, und es hätte daher

Powody orzeczenia.

I.

Właściwość Trybunału Rozjemczego.

Właściwość Trybunału Rozjemczego dla załatwienia sporów w przedmiocie prawa zachowania zamieszkania zależy od właściwości Komisji Polubownej dla spraw obywatelstwa, będącej instancją poprzednią (art. 59 Konwencji). O właściwości Komisji Polubownej zawiera art. 56 Konwencji, o ile tu wchodzi w rachubę, postanowienie następujące:

„Peut en appeler à la Commission de conciliation en matière de nationalité, toute personne qui, en vertu de dispositions de la présente partie,

1......

2......

3. prétend, par suite de mesures prises par une autorité être lésée dans les droits résultant de son droit de conserver son domicile".

(„Do Komisji Polubownej dla spraw obywatelstwa może się odwołać każdy, kto na mocy postanowień części niniejszej:

1.......

2......

3. twierdzi, że został pokrzywdzony przez zarządzenie władz w prawach, wypływających z jego prawa zachowania zamieszkania").

Zarzuty Przedstawiciela Państwa Polskiego w przedmiocie braku właściwości Trybunału Rozjemczego dotyczą dwuch punktów:

1. Przedstawiciel Państwa Polskiego jest zdania, że nie chodzi w wypadku niniejszym ani o naruszenie praw, wynikających z prawa zachowania zamieszkania ani też o naruszenie prawa spowodowane zarządzeniem władzy, lecz o rzekome naruszenie prywatno-prawnej umowy o najem usług przez drugiego kontrahenta to jest przez miasto Katowice. Do rozstrzygnięcia sporu takiego są właściwe sądy

gemäß Art. 597 des Abkommens der Präsident des Schiedsgerichts den Antrag von vornherein als unzulässig abweisen müssen.

2. Soweit der Antragsteller insbesondere eine Verletzung des Art. 82 des Abkommens behauptet, meint der polnische Staatsvertreter, das Schiedsgericht sei zur Anwendung dieser Vorschrift nicht zuständig, da sie im 3. Teil des Abkommens steht, während Art. 56 die Zuständigkeit des Schiedsgerichts auf „die Bestimmungen dieses Teiles" d. h. des 2. Teiles des Abkommens beschränke.

1. Was den ersten Punkt anlangt, so lautet Art. 597, auf den der polnische Staatsvertreter sich beruft, wie folgt:

„Les Présidents de la Commission mixte et du Tribunal arbitral examinent si, avant d'avoir recours à eux, il a été fait, conformément aux dispositions de la présente Convention, appel aux Commissions arbitrales ou de conciliation ou à d'autres organisations intermédiaires prévues dans cette Convention ou encore aux autorités ou tribunaux nationaux compétents au premier chef. Dans la négative, une demande ne sera pas recevable."

[„Die Präsidenten der Gemischten Kommission und des Schiedsgerichts prüfen, ob gemäß den Bestimmungen dieses Abkommens vor der Anrufung der Gemischten Kommission oder des Schiedsgerichts die Schieds- und Schlichtungsstellen oder andere in diesem Abkommen vorgesehene Zwischeninstanzen oder die in erster Linie zuständigen Landesgerichte oder Landesbehörden mit der Angelegenheit befaßt worden sind. Ist dies unterblieben, so weisen die Präsidenten die Anträge als unzulässig ab".]

Dieser Artikel ist in der vorliegenden Sache bereits zur Anwendung gekommen, insofern als der Präsident des Schiedsgerichts den vom Antragsteller zunächst unter Übergehung der Schlichtungsstelle für Staatsangehörigkeitsfragen unmittelbar bei dem Schiedsgericht gestellten Antrag vom 2. Juni 1927 durch Bescheid vom 17. Juni 1927 als unzulässig ab-

zwyczajne a Prezydent Trybunału powinien był wedle art. 597 natychmiast odrzucić wniosek jako niedopuszczalny.

2. O ile wnioskodawca twierdzi, iż naruszono w szczególności przepis art. 82 Konwencji, Przedstawiciel Państwa Polskiego jest zdania, że Trybunał nie jest właściwy do zastosowania tego przepisu, albowiem przepis ten mieści się w trzeciej części Konwencji, podczas gdy art. 56 ogranicza właściwość Trybunału Rozjemczego do „postanowień części niniejszej" to znaczy do drugiej części Konwencji.

1. Odnośnie do pierwszego punktu zaznaczyć należy, że art. 597, na który Przedstawiciel Państwa Polskiego się powołuje, brzmi następnie:

„Les Présidents de la Commission mixte et du Tribunal arbitral examinent si, avant d'avoir recours à eux, il a été fait, conformément aux dispositions de la présente Convention, appel aux Commissions arbitrales ou de conciliation ou à d'autres organisations intermédiaires prévues dans cette Convention ou encore aux autorités ou tribunaux nationaux compétents au premier chef. Dans la négative une demande ne sera pas recevable".

(„Prezydenci Komisji Mieszanej i Trybunału Rozjemczego badają, czy przed odwołaniem się do tych instytucyj zwrócono się, stosownie do postanowień niniejszej Konwencji, do Komisyj Rozjemczych i Polubownych lub do innych organów pośredniczących przewidzianych w tej Konwencji, lub do sądów i władz krajowych, o ile te są w pierwszej linji kompetentne. O ile się temu nie stało zadość, wniosek nie będzie się nadawał do rozpatrywania").

Art. ten znalazł już w sprawie niniejszej zastosowanie, gdyż Prezydent Trybunału Rozjemczego odrzucił pismem z dnia 17 czerwca 1927 r. jako niedopuszczalny pierwszy wniosek wnioskodawcy wniesiony bezpośrednio do Trybunału Rozjemczego dnia 2. czerwca 1927 r. z pominięciem Komisji Polubownej dla spraw obywatelstwa, będącej

gelehnt und den Antragsteller an die Schlichtungsstelle verwiesen hat. Nachdem hierauf der Antragsteller sich mit demselben Antrage an die Schlichtungsstelle gewandt und diese sodann die Angelegenheit auf Antrag des deutschen Staatsvertreters gemäß Art. 58 dem Schiedsgericht zur Entscheidung vorgelegt hat, ist der Vorschrift des Art. 597 genügt.

Daß die Angelegenheit als eine privatrechtliche vor die ordentlichen Gerichte gehöre, wie der polnische Staatsvertreter meint, kann nur zum Teil als richtig anerkannt werden. Das Rechtsverhältnis, das auf Grund des Vertrages vom 22. Juni 1921 zwischen dem Antragsteller und der Stadt Kattowitz als einer juristischen Person des öffentlichen Rechts besteht, ist nach der übereinstimmenden Ansicht der Beteiligten ein Dienstverhältnis privatrechtlicher Art, kein öffentlichrechtliches Beamtenverhältnis, das in § 7 des Vertrages ausdrücklich ausgeschlossen ist. Zur Entscheidung der aus diesem Vertragsverhältnisse zwischen dem Antragsteller und der Stadt Kattowitz sich ergebenden Streitigkeiten sind daher, da es sich hierbei um „bürgerliche Rechtsstreitigkeiten“ handelt, die ordentlichen Gerichte zuständig (§ 13 des insoweit in Polnisch-Oberschlesien in Geltung gebliebenen deutschen Gerichtsverfassungsgesetzes). Soweit also der Antragsteller von dem Schiedsgericht die Feststellung begehrt, daß die Kündigung des Magistrats vertragswidrig und rechtsunwirksam sei, ist das Schiedsgericht nicht zuständig, weil es im Abkommen keine Bestimmung gibt, die die Zuständigkeit des Schiedsgerichts zur Entscheidung einer solchen privatrechtlichen Streitigkeit begründen würde. In einem etwa von dem Antragsteller oder von der Stadt Kattowitz bei den ordentlichen Gerichten anhängig zu machenden Prozesse über die Wirksamkeit der ausgesprochenen Kündigung kann freilich, da nach § 8 des Vertrages die Stadt Kattowitz das Dienstverhältnis nur aus einem wichtigen Grunde kündigen darf, die Entscheidung des ordentlichen Gerichts davon abhängen, ob die deutsche Staatsangehörigkeit des Antragstellers als ein wichtiger Grund im Sinne des § 8 des Vertrages angesehen werden kann, wenn der Antragsteller sich als Wohnberechtigter auf die durch Art. 43, 82 gewährleisteten Rechte beruft. Auch die Ent-

instancją poprzednią, i skierował wnioskodawcę do Komisji Polubownej. Gdy następnie wnioskodawca zwrócił się do Komisji Polubownej a ta sprawę niniejszą na wniosek Przedstawiciela Państwa Niemieckiego przedłożyła po myśli art. 58 Trybunałowi Rozjemczemu do rozstrzygnięcia, zastosowano art. 597 Konwencji.

Zapatrywanie Przedstawiciela Państwa Polskiego, że sprawa niniejsza jako prywatno-prawna należy do właściwości sądów zwyczajnych można jedynie w części uznać za słuszne. Stosunek prawny, istniejący na podstawie umowy z dnia 22 czerwca 1921 r. między wnioskodawcą a miastem Katowicami jako osobą prawną prawa publicznego, jest wedle zgodnego zapatrywania zainteresowanych stosunkiem służbowym o charakterze prywatno-prawnym, nie zaś stosunkiem publiczno-prawnym o charakterze urzędniczym, co wedle § 7 umowy wyraźnie wykluczono. Do rozstrzygnięcia sporów, wynikających z tego stosunku umownego między wnioskodawcą a miastem Katowicami są tedy właściwe sądy zwyczajne, ponieważ chodzi tu o cywilne spory prawne, (§ 13 niemieckiej ustawy o ustroju sądownictwa w tym zakresie utrzymany w mocy na Polskim Górnym Śląsku). O ile więc wnioskodawca żąda od Trybunału Rozjemczego ustalenia, że wypowiedzenie magistratu jest sprzeczne z umową i prawnie bezskuteczne, Trybunał Rozjemczy nie jest właściwy, ponieważ niema w Konwencji postanowienia, któreby stworzyło właściwość Trybunału do rozstrzygania takich sporów prywatno-prawnych. W procesie wszczętym ewentualnie przez wnioskodawcę lub też przez miasto Katowice przed zwyczajnym sądem co do skuteczności wypowiedzenia mogłoby rozstrzygnięcie sądu być zależnem od tego, czy niemieckie obywatelstwo wnioskodawcy może być uważane za ważny powód w rozumieniu §8 umowy na wypadek, gdyby wnioskodawca powoływał się na prawa zagwarantowane mu jako uprawnionemu do zachowania zamieszkania wedle art. 43, 82 Konwencji, albowiem miasto Katowice wedle § 8 umowy może wypowiedzieć stosunek służbowy jedynie z ważnego powodu. Także rozstrzygnięcie tej kwestji należałoby do

scheidung dieser Frage würde zur Zuständigkeit der ordentlichen Gerichte gehören, wenn auch hierbei von ihnen Vorschriften des öffentlichen Rechts, nämlich die Art. 43, 82, 77 des Abkommens anzuwenden sind. Soweit es sich um die Auslegung dieser Vorschriften des Abkommens handelt, könnte alsdann das ordentliche Gericht den Weg der Evokation beschreiten, wobei hier nicht zu erörtern ist, ob für die Evokation das Schiedsgericht oder nur dessen Präsident zuständig wäre (Art. 588, 158 des Abkommens).

Der Antragsteller hat aber in dem vorliegenden Verfahren nicht nur die Vertragswidrigkeit der Kündigung geltend gemacht, sondern er hat, und das ist als das wesentliche seines Antrages zu erachten, gegen die auf den Mangel der polnischen Staatsangehörigkeit gestützte Kündigung des Magistrats und gegen den auf seine Beschwerde erteilten Bescheid der Wojewodschaft von Schlesien die Schlichtungsstelle und das Schiedsgericht wegen Verletzung seines Wohnrechts unter Hinweis auf die Art. 43, 77, 82 des Abkommens angerufen. Insoweit aber handelt es sich nicht um eine privatrechtliche Streitigkeit zwischen dem Antragsteller und der Stadt Kattowitz, sondern um eine öffentlichrechtliche Streitigkeit zwischen dem Antragsteller und Behörden des polnischen Staates. Für einen solchen Streit ist durch Art. 56 und 58 des Abkommens ausdrücklich die Zuständigkeit der Schlichtungsstelle und demnächst des Schiedsgerichts angeordnet. Aus dem vom polnischen Staatsvertreter angeführten Art. 590 des Abkommens, wonach die Zuständigkeit der Landesgerichte oder der Landesbehörden durch die Zuständigkeit des Schiedsgerichts nur insoweit berührt wird, als sich dies aus den Bestimmungen des Abkommens ergibt, ist nichts gegen die Zuständigkeit des Schiedsgerichts zur Entscheidung über die behauptete Verletzung des Wohnrechts zu entnehmen; insbesondere ist in Art. 590 auch in Verbindung mit Art. 597 nicht bestimmt, daß, bevor das Schiedsgericht zur Entscheidung hierüber angerufen wird, die Landesgerichte oder die Landesbehörden anzurufen seien.

Der polnische Staatsvertreter wendet ein, daß die Kündigung des Magistrats nicht, wie Art. 56 zur Begründung der Zuständigkeit des Schiedsgerichts erfordert, eine Maßnahme

właściwości sądów zwyczajnych jakkolwiek sądy te miałyby tu zastosować postanowienia prawa publicznego a mianowicie art. 43, 82, 77 Konwencji. O ileby chodziło o interpretację tych postanowień Konwencji, mogłyby sądy zwyczajne dopuścić ewokacji; nie tutaj jednak miejsce do rozpatrywania, czy dla ewokacji byłby właściwym Trybunał Rozjemczy czy też tylko jego Prezydent (art. 588, 158 Konwencji).

Wnioskodawca zarzucił atoli w niniejszym postępowaniu nie tylko to, że wypowiedzenie sprzeciwia się umowie lecz kwestjonuje, — i to jest istotna treść jego wniosku, — wypowiedzenie Magistratu, oparte na braku obywatelstwa oraz uchwałę Województwa Śląskiego, wydaną w przedmiocie jego zażalenia i odwołał się do Komisji Polubownej i do Trybunału Rozjemczego z powodu naruszenia swego prawa zachowania zamieszkania na zasadzie art. 43, 77, 82 Konwencji. W tym zakresie nie jest to już jedynie spór prywatno-prawny między wnioskodawcą a miastem Katowicami, lecz spór publiczno-prawny między wnioskodawcą a władzami Państwa Polskiego. Dla tego rodzaju sporu jest właściwość Komisji Polubownej a następnie Trybunału Rozjemczego wyraźnie ustanowiona w art. 56 i 58 Konwencji. Powołany przez Przedstawiciela Państwa Polskiego art. 590 Konwencji, wedle treści którego kompetencja Trybunału Rozjemczego dotyka kompetencji sądów i władz administracyjnych krajowych tylko w granicach postanowień Konwencji nie zawiera nic takiego, coby przemawiało przeciw właściwości Trybunału Rozjemczego w przedmiocie rozstrzygania twierdzonego naruszenia prawa zachowania zamieszkania. W szczególności w art. 590 nawet w łączności z art. 597 nie jest nakazane, iżby przed odwołaniem się do Trybunału Rozjemczego o rozstrzygnięcie takiej sprawy należało się najpierw odwołać do sądów i do władz krajowych.

Przedstawiciel Państwa Polskiego zarzuca, że wypowiedzenie Magistratu nie ma charakteru zarządzenia władzy, wymaganego wedle art. 56 do stworzenia właściwości Try-

einer Behörde darstelle, da die Kündigung ein dem Privatrecht angehörendes Rechtsgeschäft sei, daß der Magistrat nicht als Behörde, sondern als das verfassungsmäßige Vertretungsorgan der Stadt als der Vertragspartei des privatrechtlichen Vertrages vom 22. Juni 1921 vorgenommen habe. In dieser Hinsicht ist zunächst festzustellen, daß der Magistrat in Kattowitz nach der in Polnisch-Oberschlesien noch geltenden preußischen Städteordnung vom 30. Mai 1853 eine in den staatlichen Organismus eingegliederte Behörde ist (§ 56 ff. der Städteordnung). Weiter aber ist darauf hinzuweisen, daß Art. 56 des Abkommens ganz allgemein von Maßnahmen einer Behörde (mesures prises par une autorité) spricht, ohne die von den Behörden vorgenommenen Privatrechtsgeschäfte auszunehmen, und daß kein Grund zu der behaupteten einschränkenden Auslegung ersichtlich ist. Auch Rechtshandlungen einer Behörde, die an sich dem Privatrecht angehören, können, wie der vorliegende Fall zeigt, gegen die öffentlichrechtlichen Vorschriften verstoßen, die zum Schutz der Wohnberechtigten gegeben sind, und zu deren Beobachtung Deutschland und Polen sich in dem Abkommen völkerrechtlich verpflichtet haben. Es liegt auch im vorliegenden Falle nahe, einen Zusammenhang zwischen der Kündigung und der Behördeneigenschaft des Magistrats zu erkennen. Der Mangel der polnischen Staatsangehörigkeit mochte den Magistrat als polnische Behörde bestimmen, das Vertragsverhältnis zu kündigen, während für die Entschließungen eines Privatmannes als Vertragspartei dieser Grund vermutlich keine Bedeutung gehabt hätte.

Überdies richtet sich das vorliegende Verfahren nicht nur gegen das Verhalten des Magistrats in Kattowitz, sondern auch gegen das Verhalten der Wojewodschaft von Schlesien, die auf die Beschwerde des Antragstellers über die Kündigung des Magistrats den ablehnenden Bescheid vom 25. April 1927 erteilt hat. Insoweit es sich um das Verhalten der Wojewodschaft handelt, versagt aber der von dem Polnischen Staatsvertreter aus der privatrechtlichen Natur des Dienstverhältnisses hergeleitete Einwand gänzlich, da die Wojewodschaft nicht in privatrechtlichen Beziehungen zu dem Antragsteller steht.

bunału Rozjemczego, ponieważ wypowiedzenie jest czynnością prawną wedle prawa prywatnego, której Magistrat dokonał nie w charakterze władzy lecz w charakterze konstytucyjnego organu zastępczego miasta w charakterze kontrahenta prywatno-prawnej umowy z dnia 22 czerwca 1921. W tym względzie należy przedewszystkiem stwierdzić, że wedle obowiązującej jeszcze na Polskim Górnym Śląsku pruskiej ordynacji miejskiej z dnia 30 maja 1853 magistrat w Katowicach jest władzą, wcieloną do państwowego organizmu. (§ 56 i nast. ordynacji miejskiej). Dalej należy podkreślić, że art. 56 Konwencji mówi całkiem ogólnie o zarządzeniach władzy (mesures prises par une autorité) nie wyłączając dokonanych przez władzę czynności prywatnoprawnych i że nie ma żadnej podstawy do podanej interpretacji ścieśniającej. Także i czynności prawne władzy, leżące w dziedzinie prawa prywatnego mogą, jak tego dowodzi niniejszy wypadek, wykraczać przeciwko postanowieniom publiczno prawnym, ustanowionym w celu ochrony uprawnionych do zachowania zamieszkania, do przestrzegania których zobowiązały się Polska i Niemcy w Konwencji międzynarodowej. W wypadku niniejszym nasuwa się też w sposób widoczny ten związek między wypowiedzeniem a charakterem władzy Magistratu. Brak obywatelstwa polskiego skłonił prawdopodobnie magistrat jako władzę polską do wypowiedzenia stosunku umownego, podczas gdy powód ten możliwie nie miałby żadnego znaczenia dla decyzji osoby prywatnej jako strony kontraktującej.

Postępowanie niniejsze zwraca się ponadto nietylko przeciw stanowisku zajętemu przez magistrat w Katowicach lecz także przeciw stanowisku, zajętemu przez Województwo Śląskie, które na zażalenie wnioskodawcy przeciw wypowiedzeniu udzieliło odpowiedzi odmownej z dnia 25 kwietnia 1927. O ile chodzi o stanowisko Województwa, zarzut Przedstawiciela Państwa Polskiego co do prywatno-prawnego charakteru stosunku służbowego zupełnie nie ma podstawy, albowiem Województwo nie łączy żaden stosunek prywatno-prawny z wnioskodawcą.

Zu erörtern bleibt noch, ob etwa Art. 59 des Abkommens im vorliegenden Falle der Zuständigkeit des Schiedsgerichts entgegensteht. Nach Art. 59 sind nämlich unter Behörden im Sinne des Art. 56 nicht zu verstehen die Gerichte, Verwaltungsgerichte und solche Verwaltungsbehörden, die keine Weisungen von einer vorgesetzten Behörde erhalten (autorités administratives qui ne reçoivent pas d'ordres par la voie hiérarchique). Diese Vorschrift entspricht der sie ergänzenden Vorschrift des Art. 588, wonach für Angelegenheiten, die bei einem Gericht, bei einem Verwaltungsgericht oder bei einer nicht an Weisungen einer vorgesetzten Behörde gebundenen Verwaltungsbehörde anhängig sind, das Evokationsverfahren behufs Auslegung des Abkommens angeordnet ist. Als unabhängige Verwaltungsbehörde in diesem Sinne kann die Wojewodschaft keinesfalls angesehen werden, aber auch nicht der Magistrat, da auch dieser und zwar trotz des Grundsatzes der Selbstverwaltung auch in den Gemeindeangelegenheiten der staatlichen Aufsicht untersteht und von der Aufsichtsbehörde zur Beobachtung der öffentlichrechtlichen Vorschriften angehalten werden kann (§ 76 der Städteordnung in Verbindung mit § 7, 164 des preußischen Zuständigkeitsgesetzes vom 1. August 1883, O. Oertel Städteordnung 5. Aufl. Erl. 3 zu § 76). Überdies hat nach § 15 des Zuständigkeitsgesetzes der Bürgermeister Magistratsbeschlüsse, die das Gesetz verletzen, zu beanstanden und ist nötigenfalls von der vorgesetzten Behörde hierzu anzuweisen, in welchem Falle die Rechtswirksamkeit des Magistratsbeschlusses aufgeschoben wird, und es dem Magistrat überlassen bleibt, gegen die Beanstandung Klage im Verwaltungsstreitverfahren zu erheben. Art. 59 trifft danach im vorliegenden Falle nicht zu.

Aus den bisherigen Ausführungen ergibt sich zugleich, daß die von dem polnischen Staatsvertreter in der mündlichen Verhandlung abgegebene Erklärung, daß er nicht für die Stadt Kattowitz auftrete, für das vorliegende Verfahren keine Bedeutung hat. Dieses Verfahren richtet sich nicht gegen die Stadt Kattowitz, sondern gegen Maßnahmen polnischer Behörden, und deren Vertretung steht nach Art. 8 der Verfahrensordnung des Schiedsgerichts dem polnischen Staatsvertreter zu.

Rozważyć jeszcze należy, czy w wypadku niniejszym art. 59 Konwencji nie sprzeciwia się ewentualnie właściwości Trybunału Rozjemczego. Wedle art. 59 pod władzami w rozumieniu art. 56 Konwencji nie rozumie się ani sądów ani sądów administracyjnych ani władz administracyjnych orzekających (autorités administratives, qui ne recoivent pas d'ordres par la voie hiérarchique). Przepis ten odpowiada postanowieniu uzupełniającemu ten przepis art. 588, wedle którego dla spraw zawisłych w sądzie, w sądzie administracyjnym lub w władzy administracyjnej, nie zależnej od poleceń władzy przełożonej, nakazano postępowanie ewokacyjne celem interpretacji Konwencji. Województwa nie można żadną miarą uważać za taką niezależną władzę administracyjną, ani też magistratu, albowiem i magistrat mimo zasady autonomji podlega w sprawach gminnych kontroli państwowej i władza nadzorcza może mu nakazać przestrzeganie publiczno-prawnych przepisów. (§ 76 ordynacji miejskiej w związku z § 7, 164 pruskiej ustawy o właściwości z dnia 1 sierpnia 1883 r. Oertel Städteordnung wyd. 5 uw. do § 76). Wedle art. 15 cyt. ustawy o właściwości burmistrz ma obowiązek zakwestjonować uchwałę magistratu, naruszającą ustawę, a w razie potrzeby władza przełożona ma mu wydać w tym kierunku stosowne polecenie; w wypadku tym skuteczność prawna uchwały magistratu jest w zawieszeniu, i pozostawione jest magistratowi wniesienie skargi w spornem postępowaniu administracyjnem przeciw takiemu zakwestjonowaniu. Art. 59 nie ma więc zastosowania w wypadku niniejszym.

Z wywodów dotychczasowych wynika również, że oświadczenie polskiego Przedstawiciela Państwa, złożone podczas ustnej rozprawy, że nie zastępuje miasta Katowic, nie ma znaczenia dla sprawy niniejszej. Postępowanie to nie jest skierowane przeciw miastu Katowicom, lecz przeciw zarządzeniom władz polskich, do których zastepstwa Przedstawiciel Państwa Polskiego wedle art. 8 regulaminu procesowego Trybunału Rozjemczego jest powołany.

Der polnische Staatsvertreter hat ferner zu Unrecht bei Begründung des Einwandes der Unzuständigkeit sich auf die Entscheidung des Schiedsgerichts vom 7. Juli 1925 in Sachen K. gegen die Republik Polen, Aktenzeichen C 3/24,[1]) berufen. In jener Sache forderte der Bahnspediteur K. von der Republik Polen Schadensersatz wegen Verletzung wohlerworbener Rechte gemäß Art. 4 des Abkommens, weil ihm von der Polnischen Eisenbahnverwaltung das Vertragsverhältnis auf Grund der Bestimmungen des schriftlichen Vertrages wegen grober Verstöße, die der Kläger jedoch in Abrede stellte, gekündigt worden war. Das Schiedsgericht hat diese Klage abgewiesen und in den Gründen ausgeführt, daß die von der Eisenbahnverwaltung ausgesprochene Kündigung sich als eine Handlung darstelle, die der eine Teil eines privatrechtlichen Vertrages gegenüber dem anderen Teile vorgenommen, und deren Berechtigung er auf den bestehenden Vertrag gestützt habe. Eine solche Handlung einer Staatsbehörde, die rein privatrechtlicher Natur sei, falle nicht unter Art. 4 § 2 Abs. 3 des Abkommens, sie sei keine Anordnung des Staates im Sinne dieser Vorschrift.

Mit dieser Begründung steht die Ansicht des Schiedsgerichts in dem vorliegenden Falle keineswegs im Widerspruch; denn in jenem Falle handelte es sich lediglich darum, ob die Eisenbahnverwaltung dem zwischen ihr und dem Kläger K. bestehenden Vertrage zuwidergehandelt habe, und das Schiedsgericht hat eine lediglich gegen einen privatrechtlichen Vertrag verstoßende Kündigung einer Behörde nicht als eine ein wohlerworbenes Recht aufhebende oder beeinträchtigende Anordnung des Staates im Sinne des Art. 4 des Abkommens angesehen. In dem jetzt zur Entscheidung stehenden Falle aber handelt es sich nicht darum, ob die Kündigung den privatrechtlichen Vertrag verletzt, sondern darum, ob polnische Behörden durch die Kündigung gesetzliche Vorschriften des öffentlichen Rechts, nämlich Vorschriften des Abkommens über die Rechte der Wohnberechtigten verletzt haben, und es wird eine solche Kündigung, die nicht rein privatrechtlicher Natur ist, sondern

---

[1]) vgl. Fall 2 dieser Sammlung.

Niesłusznie powołał się Przedstawiciel Państwa Polskiego przy uzasadnieniu zarzutu niewłaściwości na orzeczenie Trybunału Rozjemczego z dnia 7 lipca 1925 r. w sprawie K. przeciw Rzeczypospolitej Polskiej C 3/24[1]). W sprawie tej żądał spedytor kolejowy K. od Rzeczypospolitej Polskiej odszkodowania z powodu naruszenia praw nabytych na zasadzie art. 4 Konwencji, ponieważ zarząd kolei polskich wypowiedział mu stosunek umowny na podstawie przepisów umowy pisemnej z powodu ciężkich uchybień, którym powód przeczył. Trybunał Rozjemczy oddalił skargę tę a w powodach rozstrzygnięcia wypowiedział zapatrywanie, że wypowiedzenie zarządu kolejowego jest czynnością, przedsięwziętą przez jedną stronę umowy prywatno-prawnej przeciw drugiej, której uprawnienie oparte było na istniejącej umowie. Czynność taka władzy państwowej o charakterze czysto prywatno-prawnym nie podpada pod art. 4 § 2 ust. 3 Konwencji, nie jest ona zarządzeniem w rozumieniu tego przepisu.

Zapatrywanie Trybunału Rozjemczego w sprawie niniejszej nie sprzeciwia się wcale temu uzasadnieniu; w wypadku pierwszym bowiem chodziło jedynie o to, czy zarząd kolejowy działał wbrew umowie, zawartej między nim a powodem K. a Trybunał Rozjemczy nie uważał jedynie wypowiedzenia dokonanego przez władzę a niezgodnego z umową prywatnoprawną za zarządzenie państwa, znoszące lub uszczuplające prawa nabyte w rozumieniu art. 4 Konwencji. W obecnym wypadku nic o to chodzi, czy wypowiedzenie narusza umowę prywatno-prawną, lecz o to, czy władze polskie naruszyły przez wypowiedzenie ustawowe przepisy prawa publicznego, mianowicie prawa uprawnionych do zamieszkania. Wypowiedzenie takie, które nie ma charakteru czysto prywatnoprawnego lecz podpada także pod prawo publiczne, uważane być musi za zarządzenie władzy w rozumieniu art. 56 Konwencji.

---

[1]) por. orz. 2. tego zbioru.

zugleich dem öffentlichen Recht unterliegt, für eine Maßnahme einer Behörde im Sinne des Art. 56 des Abkommens erachtet.

Aus diesen Gründen ist der vom Polnischen Staatsvertreter erhobene Einwand der Unzuständigkeit des Schiedsgerichts, soweit der erste Punkt dieses Einwandes in Frage kommt, abgesehen von der erörterten Einschränkung, zurückzuweisen.

2. Auch der zweite Punkt des Einwandes, der die Zuständigkeit des Schiedsgerichts zur Anwendung des Art. 82 des Abkommens verneint, trifft nicht zu.

Der polnische Staatsvertreter hat die Worte „auf Grund der Bestimmungen dieses Teils" („en vertu de dispositions de la présente partie) dahin ausgelegt, daß vor der Schlichtungsstelle und demgemäß auch vor dem Schiedsgericht nur die Verletzung solcher Rechte der Wohnberechtigten geltend gemacht werden können, die aus den Bestimmungen dieses Teiles, d. h. des 2. Teiles hervorgehen, und er erachtet darum das Schiedsgericht nicht für zuständig zur Anwendung des Art. 82 des Abkommens, der nicht im 2., sondern im 3. Teile des Abkommens seine Stelle hat. Dieser Auslegung ist nicht beizustimmen.

Sie übersieht, daß Art. 56 nicht etwa folgende Fassung hat: „Die Schlichtungsstelle kann anrufen, wer durch die Maßnahmen einer Behörde in den Rechten verletzt zu sein behauptet, die ihm auf Grund der Bestimmungen dieses Teiles als Wohnberechtigten zustehen", sondern daß die Worte „auf Grund der Bestimmungen dieses Teiles" in den Eingang des Artikels gestellt und der Aufzählung der unter 5 Nummern aufgeführten, zur Zuständigkeit der Schlichtungsstelle verwiesenen Angelegenheiten vorangestellt sind. Hierbei sind unter Ziff. 2 die Streitigkeiten über das Bestehen des Wohnrechts aufgenommen. Die Worte: „auf Grund der Bestimmungen dieses Teiles" sind nun bei Ziff. 3, nicht anders als bei Ziff. 2. nicht auf den Inhalt des Wohnrechts, sondern auf die Vorschriften über den Erwerb und die Erhaltung des Wohnrechts zu beziehen. Danach ist die Voraussetzung für die Zuständigkeit der Schlichtungsstelle und des Schiedsgerichts, daß der Antragsteller sich auf das in den Bestimmungen des 2. Teiles geschaffene Wohn-

Z tych powodów należało odrzucić zarzut niewłaściwości Trybunału Rozjemczego, podniesiony przez Przedstawiciela Państwa Polskiego o ile chodzi o punkt pierwszy tego zarzutu z wyjątkiem omówionego wyżej ograniczenia.

2. Niemniej drugi punkt zarzutu, zaprzeczający właściwości Trybunału Rozjemczego w przedmiocie zastosowania art. 82 Konwencji, nie jest uzasadniony.

Przedstawiciel Państwa Polskiego interpretuje słowa: „na mocy postanowień części niniejszej" („en vertu des dispositions de la présente partie) w ten sposób, że przed Komisją Polubowną a temsamem i przed Trybunałem Rozjemczym dochodzić można tylko takich naruszeń praw uprawnionych do zachowania zamieszkania, które wynikają z postanowień niniejszej t. zn. drugiej części Konwencji i uważa dlatego Trybunał Rozjemczy za niewłaściwy do zastosowania przepisu art. 82, który nie mieści się w drugiej lecz w trzeciej części Konwencji. Z tą interpretacją nie można się zgodzić.

Przeocza ona, że art. 56 nie ma mniej więcej treści następującej: „Do Komisji Polubownej może się odwołać, kto twierdzi, że został pokrzywdzony przez zarządzenie władzy w prawach, przysługujących mu jako uprawnionemu do zamieszkania na mocy niniejszej części" lecz, że słowa „na mocy postanowień części niniejszej" umieszczono na wstępie artykułu, i że poprzedzają one wyliczenie spraw, wyszczególnionych w pięciu punktach, które są przekazane właściwości komisji polubownej. Pod liczbą 2 wyliczone są spory dotyczące zaistnienia prawa zachowania zamieszkania. Słowa „na mocy postanowień części niniejszej" odnoszą się przy liczbie 3 nie inaczej jak przy liczbie 2 nie do treści prawa zachowania zamieszkania, lecz do przepisów o nabyciu i zachowaniu prawa zamieszkania. W obec tego warunkiem właściwości komisji polubownej i Trybunału Rozjemczego jest ta okoliczność, by wnioskodawca powoływał się na prawa zachowania zamieszkania ustanowione w przepisach części

recht beruft, nicht aber, daß die den Inhalt des Wohnrechts bestimmende Vorschrift, deren Verletzung behauptet wird, gerade in dem 2. Teile des Abkommens ihren Platz gefunden hat.

Hierfür spricht auch, daß Art. 43, der seine Stelle im 2. Teile des Abkommens hat und den Wohnberechtigten Schutz bei Ausübung des Berufs und der Erwerbstätigkeit gewährt, diese Regelung „vorbehaltlich der besonderen Bestimmungen dieses Abkommens“ trifft („sans préjudice des dispositions spéciales de la présente Convention“). Dieser Vorbehalt nötigt das Schiedsgericht, wenn es im einzelnen Falle die Anwendbarkeit des Art. 43 prüft, auch zu prüfen, welchen Einfluß eine an einer anderen Stelle des Abkommens sich findende Sonderbestimmung über den Inhalt des Wohnrechts auf die Anwendbarkeit des Art. 43 hat.

Es ist auch kein innerer Grund ersichtlich, warum Deutschland und Polen bei Abschließung des Abkommens, wenn sie überhaupt der Schlichtungsstelle und dem Schiedsgericht die Streitigkeiten über das Bestehen und den Inhalt des Wohnrechts überwiesen, einen Teil der aus dem Wohnrecht sich ergebenden Rechte, nämlich die nicht in den 2. Teil aufgenommenen, von dieser Zuständigkeit hätten ausschließen sollen. Der polnische Staatsvertreter hat einen Grund hierfür darin erblickt, daß man in solchen Streitigkeiten die Mitwirkung der nationalen Schiedsrichter habe ausschalten wollen. Dem steht aber entgegen, daß es sich bei den Wohnberechtigten nicht um die eigenen Staatsangehörigen, sondern um Ausländer handelt, und daß für Ausländerstreitigkeiten die Mitwirkung nationaler Schiedsrichter durchaus üblich ist.

Gegen die Auslegung des polnischen Staatsvertreters spricht auch, daß sehr wichtige Rechte, die den Wohnberechtigten in dem Abkommen gewährleistet sind, z. B. bezüglich der Wahlen der Religionsgesellschaften und der sozialen Vertretungskörper, sowie auf dem Gebiete des Vereins- und Versammlungswesens, der Presse und der kulturellen und Wohl-

2-giej, nie zaś by przepis, określający treść prawa zachowania zamieszkania, o którego naruszenie chodzi, znajdował się właśnie w części 2-giej Konwencji.

Zatem przemawia fakt, że art. 43, który mieści się w 2-giej części Konwencji i zabezpiecza uprawnionym do zachowania zamieszkania ochronę w zakresie uczciwego wykonywania zawodu lub sposobu zarobkowania ustanawia prawa te z wyraźnem zastrzeżeniem „nie uwłaczając specjalnym postanowieniom niniejszej Konwencji“ (sans préjudice des dispositions spéciales de la présente Convention). Zastrzeżenie to zniewala Trybunał Rozjemczy przy rozpatrzeniu możności zastosowania przepisu 43 w poszczególnym wypadku do zbadania znaczenia, jakie wywiera postanowienie specjalne co do istoty prawa zachowania zamieszkania w innem miejscu Konwencji się znajdujące na możność zastosowania art. 43.

Nie można też dopatrzeć się wewnętrznej przyczyny, dla którejby Polska i Niemcy wyłączyły przy zawarciu Konwencji pewne uprawnienia, wynikające z prawa zachowania zamieszkania a mianowicie te, które nie mieszczą się w części 2-giej z zakresu właściwości Komisji Polubownej i Trybunału Rozjemczego, jeśli w ogólności przekazały Komisji tej i Trybunałowi rozstrzyganie sporów w przedmiocie istnienia i istoty prawa zachowania zamieszkania. Zdaniem Przedstawiciela Państwa Polskiego stało się to dlatego, ponieważ w sporach takich chciano wyłączyć sędziów rozjemczych narodowych. Przeciw temu jednak przemawia ta okoliczność, że w sprawach dotyczących uprawnionych do zachowania zamieszkania nie chodzi o własnych obywateli lecz o cudzoziemców, a przy rozstrzyganiu sporów cudzoziemców współdziałanie sędziów narodowych jest nader zwykłe.

Przeciw interpretacji Przedstawiciela Państwa Polskiego przemawia także i to, że bardzo ważne uprawnienia, przyznane w Konwencji uprawnionym do zachowania zamieszkania n. p. dotyczące wyborów, zgromadzeń religijnych i ciał reprezentacyjnych instytucji społecznych, w dziedzinie prawa stowarzyszania i zgromadzania się, na polu prasy i

fahrtseinrichtungen, nicht im 2., sondern erst im 3. Teile des Abkommens geregelt sind. Gerade diese überaus wichtigen Rechte würden, wenn man der Auffassung des polnischen Staatsvertreters folgt, von dem internationalen Rechtsschutz ausgeschlossen sein. Daß dies der Sinn des Abkommens sein sollte, ist nicht zu erkennen.

Der polnische Staatsvertreter hat allerdings darauf hingewiesen, daß für die sich aus Art. 82 ergebenden Streitigkeiten die in dem letzten Titel des 3. Teiles des Abkommens (Art. 147 ff.) bestellten Instanzen (Völkerbundsrat, Minderheitsamt, Präsident der Gemischten Kommission, Präsident des Schiedsgerichts) zuständig seien. Dies ist aber, soweit es sich um Wohnberechtigte handelt, zu verneinen. Denn diese Instanzen sind, wie der Wortlaut der Art. 147 ff. zeigt, zum Schutze der einer Minderheit Angehörigen bestellt, die rechtlichen Voraussetzungen des Wohnrechts (Art. 40) sind aber von denen der Zugehörigkeit zu einer Minderheit (Art. 74) völlig verschieden. Während Art. 40 das Wohnrecht daran knüpft, daß der Wohnsitz des nicht von Rechts wegen die polnische Staatsangehörigkeit erwerbenden deutschen Staatsangehörigen zwischen dem 2. Januar 1908 und dem 1. Januar 1922 in Polnisch-Oberschlesien begründet ist und bei Übergang der Staatshoheit fortbestanden hat, bestimmt Art. 74, daß die Zugehörigkeit zu diner völkischen, sprachlichen oder religiösen Minderheit von een Behörden weder nachgeprüft noch bestritten werden darf, so daß über die Zugehörigkeit zu einer Minderheit lediglich der Wille der Person entscheidet. Die Wohnberechtigten sind also keine Untergruppe der Minderheitszugehörigen, etwa eine solche, denen nur weniger Rechte als den übrigen Minderheitszugehörigen zustehen, sondern sie bilden eine von den Minderheitszugehörigen rechtlich völlig verschiedene Gruppe. Selbst wenn man also den Begriff der Zugehörigeit zu einer Minderheit im Sinne des Abkommens nicht auf die Staatsangehörigen beschränkt, so ist es doch zweifellos, daß es Wohnberechtigte geben kann, die nicht einer völkischen, sprachlichen oder religiösen Minderheit angehören Man kann aber nicht jemanden, der Rechte aus seinem Wohnrecht geltend macht, auf Rechte

instytucji kulturalnych oraz dobroczynnych nie są unormowane w 2-ej lecz w 3-ej części Konwencji. Jeżeli się zapatrywanie Przedstawiciela Państwa Polskiego uzna za trafne, natenczas właśnie te nader ważne prawa byłyby wyłączone z pod międzynarodowej ochrony prawnej. Bynajmniej zaś nie jest widoczne, iżby Konwencja to właśnie miała na myśli.

Przedstawiciel Państwa Polskiego wskazał wprawdzie na to, że dla sporów wynikających z art. 82 są właściwe instancje ustanowione w ostatnim tytule 3-ej części Konwencji (art. 147 i. d.) Rada Związku Narodów, Urząd dla spraw mniejszości, Prezydent Komisji Mieszanej, Prezydent Trybunału Rozjemczego). Twierdzeniu temu należy atoli zaprzeczyć, o ile chodzi o uprawnionych do zachowania zamieszkania. Jak to wynika z treści art. 147 i n., instancje te są ustanowione celem ochrony osób, należących do mniejszości. Przesłanki prawne posiadania prawa zamieszkania (art. 40) różnią się atoli w zupełności od tych, od jakich zależy przynależność do mniejszości (art. 74). Podczas gdy art. 40 prawo zachowania zamieszkania czyni zawisłem od tego, by obywatel niemiecki, nie nabywający obywatelstwa polskiego z mocy prawa, ustanowił swe zamieszkanie w części polskiej Górnego Śląska między 2-im stycznia 1908 r. a 1-ym stycznia 1922 i w chwili zmiany suwerenności tamże zamieszkiwał, postanawia art. 74, że władze nie będą badały, czy ktoś należy lub nie należy do mniejszości narodowej, językowej lub religijnej, ani też nie będą tej przynależności nikomu odmawiały tak, że o przynależności do mniejszości rozstrzyga jedynie wola dotyczącej osoby. Osoby uprawnione do zachowania zamieszkania nie są więc grupą podrzędną osób, należących do mniejszości, grupą posiadającą mniej praw, aniżeli inne osoby przynależne do mniejszości, lecz tworzą grupę pod względem prawnym zupełnie odrębną od osób należących do mniejszości. Nie ograniczając nawet pojęcia przynależności do mniejszości w rozumieniu Konwencji do obywateli państwowych, nie ulega kwestji, że mogą istnieć osoby uprawnione do zachowania zamieszkania, które nie należą do mniejszości narodowej lub religijnej.

verweisen, die ihm zustehen, falls er Angehöriger einer Minderheit ist.

Daß Art. 82 in dem 3. Teil des Abkommens eingereiht ist, der die Überschrift „Schutz der Minderheiten" („protection des minorités") trägt, ist unschwer aus gesetzestechnischen Gründen zu erklären. Das Wohnrecht ist zum größten Teil im 2. Teil des Abkommens geordnet, der „Staatsangehörigkeit und Wohnrecht" („nationalité et domicile") überschrieben ist. Es ist im Anschluß an die sich aus dem Wechsel der Staatshoheit ergebenden Fragen der Staatsangehörigkeit geregelt und hat mit Recht in diesem Teile seinen Platz gefunden, weil es den Optanten und den vom Erwerb der polnischen Staatsangehörigkeit ausgeschlossenen deutschen Staatsangehörigen eine bevorzugte Ausländerstellung verleiht. Es ist hiernach klar, daß Art. 82, der den Wohnberechtigten gewisse Rechte verleiht, nach dem innern Zusammenhang in den 2. Teil, nicht in den 3. Teil gehört. Wenn gleichwohl Art. 82 in den 3. Teil gestellt worden ist, so ist der Grund hierfür in der Fassung dieses Artikels zu finden, die die rechtliche Stellung der Wohnberechtigten durch Bezugnahme auf gewisse für die Angehörigen einer Minderheit gegebenen Vorschriften regelt. Aus Gründen der Gesetzestechnik lag es daher nahe, den Art. 82, wie geschehen, hinter die in bezug genommenen Vorschriften des Minderheitsrechts zu stellen, da bei der Einreihung in den 2. Teil auf Vorschriften hätte Bezug genommen werden müssen, die erst in einem nachfolgenden Teil erlassen wurden. Daß diese gesetzestechnisch verständliche Anordnung die Rechtsstellung der Wohnberechtigten inhaltlich oder prozessual hätte beeinflussen sollen, dafür ist kein Anhalt vorhanden. Aus der Stellung des Art. 82 kann daher nicht gefolgert werden, daß die Wohnberechtigten dem Schutz der für die Minderheiten bestellten Instanzen überwiesen werden.

Aus diesen Gründen ist die Zuständigkeit des Schiedsgerichts auch insoweit, als eine Verletzung des Art. 82 des Abkommens behauptet wird, zu bejahen.

Nie można zaś osoby dochodzącej praw, wynikających z prawa zachowania zamieszkania, odsyłać do praw, które jej przysługują na wypadek przynależności do mniejszości.

Że art. 82 umieszczono w 3-ej części Konwencji, zatytułowanej: „Ochrona mniejszości“ (protection des minorités) łatwo da się wytłomaczyć względami techniki ustawodawczej. Prawo zachowania zamieszkania unormowane jest po większej części w części II Konwencji zatytułowanej: „Obywatelstwo i zamieszkanie“ (nationalité et domicile). Unormowano je w związku z pytaniami dotyczącemi obywatelstwa, wynikającemi ze zmiany suwerenności i słusznie umieszczono je w tej części, ponieważ nadaje optantom i niemieckim obywatelom, wyłączonym od nabycia obywatelstwa polskiego, stanowisko uprzywilejowanych cudzoziemców. Jasnem jest tedy, że art. 82, nadający pewne prawa uprawnionym do zamieszkania, ze względu na związek wewnętrzny należy do drugiej a nie do trzeciej części Konwencji. Jeśli mimoto umieszczono go w trzeciej części, to powodem tego jest osnowa artykułu tego, który reguluje stanowisko prawne osób, uprawnionych do zachowania zamieszkania, nawiązując do postanowień, dotyczących osób należących do mniejszości. Ze względów techniki ustawodawczej było tedy wskazane umieścić art. 82 — tak jak się to stało- po przepisach o mniejszości, na które się odwołano, bo w razie umieszczenia go w drugiej części Konwencji, musiano by się powołać na przepisy, wydane dopiero w następnej części Konwencji. Nie ma podstawy do przyjęcia, żeby ugrupowanie takie, zrozumiałe ze względów techniki ustawodawczej miało mieć wpływ czy to pod względem treści lub też pod względem procesowym na stanowisko prawne osób, uprawnionych do zachowania zamieszkania. Z miejsca tedy, w którem umieszczono art. 82, nie można wysnuć wniosku, że oddano osoby, uprawnione do zachowania zamieszkania, opiece instancji, stworzonych dla mniejszości.

Z tych powodów uznać należy właściwość Trybunału Rozjemczego także o tyle, o ile ktoś twierdzi, że naruszono art. 82 Konwencji.

II.

Entscheidung der Sache.

In der Sache selbst ist dem Antragsteller darin beizutreten, daß die ausschließlich auf den Mangel der polnischen Staatsangehörigkeit gestützte Kündigung des Dienstverhältnisses Rechte verletzt, die dem Antragsteller als Wohnberechtigtem sowohl nach Art. 43 als auch nach Art. 82 des Abkommens zustehen.

Nach Art. 43, dessen Wortlaut oben mitgeteilt ist, sind die in Polnisch-Oberschlesien wohnberechtigten Deutschen bei der Ausübung des Berufes und der Erwerbstätigkeit, denen sie bei Übergang der Staatshoheit nachgingen, dem bei Übergang der Staatshoheit geltenden Fremdenrecht, darüber hinaus aber keinen anderen gesetzlichen Beschränkungen als die eigenen Staatsangehörigen unterworfen. Das durch den Vertrag vom 22. Juni 1921 zwischen dem Antragsteller und der Stadt Kattowitz begründete Dienstverhältnis hat bereits beim Übergang der Staatshoheit, am 15. Juni 1922, bestanden. Eine Vorschrift des in diesem Zeitpunkt im Abstimmungsgebiete geltenden deutschen Reichs- oder preußischen Landesrechts, wonach es einem Ausländer nicht oder nur unter Einschränkungen gestattet gewesen wäre, ein privatrechtliches Dienstverhältnis der in Rede stehenden Art, das nicht die Eigenschaft eines öffentlichen Beamten verlieh, einzugehen, ist nicht bekannt und auch nicht vom polnischen Staatsvertreter angeführt worden. Es stand also der Antragsteller bei der Ausübung der Erwerbstätigkeit auf Grund des mit der Stadt Kattowitz geschlossenen Vertrages kraft des Wohnrechts den polnischen Staatsangehörigen gleich. Wenn nun dem Antragsteller lediglich wegen des Mangels der polnischen Staatsangehörigkeit die Fortsetzung dieses Dienstverhältnisses verweigert wurde, so liegt darin eine Beschränkung in der Ausübung der Erwerbstätigkeit, die nach Art. 43 unzulässig ist.

Bei Erörterung der Zuständigkeit des Schiedsgerichts ist bereits erwähnt, daß Art. 43 nach seinem Wortlaut nur

II.

Rozstrzygnięcie sprawy.

W sprawie samej przyznać należy słuszność wnioskodawcy w tym zakresie, że wypowiedzenie stosunku służbowego oparte wyłącznie na braku obywatelstwa polskiego, narusza prawa, przysługujące wnioskodawcy jako uprawnionemu do zachowania zamieszkania zarówno na zasadzie art. 43 jak też i na zasadzie art. 82 Konwencji.

Wedle art. 43, którego brzmienie wyżej podano, podlegają obywatele niemieccy, uprawnieni do zachowania zamieszkania na polskim Górnym Śląsku w zakresie wykonywania zawodu lub sposobu zarobkowania, któremu się oddawały w chwili zmiany suwerenności, tylko tym ograniczeniom ustawowym, które miały zastosowanie wobec cudzoziemców na mocy ustawodawstwa, obowiązującego w chwili zmiany suwerenności, pozatem zaś tylko tym ustawowym ograniczeniom, którym podlegają obywatele właśni. Stosunek służbowy, ustanowiony umową z dnia 22 czerwca 1921 między wnioskodawcą a miastem Katowicami istniał już w chwili zmiany suwerenności (15 czerwca 1922 r.) Przepis prawny obowiązującego wówczas na obszarze plebiscytowym prawa Rzeszy niemieckiej lub pruskiego prawa krajowego (Landrecht), któryby nie dozwalał cudzoziemcowi w ogólności albo tylko pod pewnemi ograniczeniami wchodzić w prywatno prawny stosunek służbowy oznaczonego rodzaju nie przyznający mu charakteru urzędniczego nie jest znany ani też Przedstawiciel Państwa Polskiego go nie wymienił. Wnioskodawca stał tedy w zakresie wykonywania sposobu zarobkowania na podstawie umowy, zawartej z miastem Katowicami z mocy swego prawa zamieszkania narówni z obywatelami polskimi. Jeśli więc zabroniono wnioskodawcy dalszego wykonywania tego stosunku służbowego jedynie z powodu braku obywatelstwa polskiego, natenczas zachodzi tu niedozwolone wedle art. 43 ograniczenie w zakresie wykonywania sposobu zarobkowania.

Już przy rozpatrywaniu kwestji właściwości Trybunału Rozjemczego nadmieniono, że art. 43 obowiązuje wedle

„vorbehaltlich der besonderen Bestimmungen des Abkommens" Geltung hat. Es ist daher zu prüfen, ob in dem Abkommen eine das Wohnrecht betreffende Sondervorschrift enthalten ist, die der vorstehenden in Anwendung des Art. 43 getroffenen Entscheidung entgegensteht. Als eine solche Sondervorschrift kommt nach Lage des Falles nur Art. 82 in Frage. Diese Vorschrift aber, deren Wortlaut nebst dem darin in bezug genommenen Art. 77 oben mitgeteilt ist, steht der Anwendung des Art. 43 auf den vorliegenden Fall nicht entgegen, sondern bestätigt vielmehr das Ergebnis, zu dem man bereits nach Art. 43 gelangt.

Aus der in Art. 82 enthaltenen Verweisung auf Art. 77 ergibt sich, daß die beiden das Abkommen schließenden Staaten, Deutschland und Polen, in dem Abkommen die Verpflichtung übernommen haben, die Wohnberechtigten „bei der Zulassung zu den öffentlichen Anstalten" (en ce qui concerne l'admission aux établissements publics") ebenso wie die eigenen Staatsangehörigen zu behandeln. Dem Antragsteller, der in dem Kündigungsschreiben des Magistrats als leitender Arzt des Kinderkrankenhauses bezeichnet ist, ist in § 1 des Vertrages vom 22. Juni 1921 die ärztliche Leitung mehrerer städtischer Anstalten übertragen: der Säuglings- und Kleinkinderkrankenstationen, der Säuglingspflegerinnenschule, der Krippen, Milchküchen und Kinderhorte. Diese Anstalten sind, da sie städtische Gemeindeanstalten sind und dem öffentlichen Interesse des Säuglings- und Kleinkinderschutzes dienen, im Sinne des Art. 77 des Abkommens öffentliche Anstalten, zu denen zugelassen zu werden den Wohnberechtigten durch das Abkommen gewährleistet ist.

Unter Zulassung ist hierbei nicht nur das Recht auf Benutzung der Anstalt zu verstehen, sondern auch das Recht, eine Tätigkeit an der Anstalt auszuüben. Das ergibt klar die Fassung des Art. 77. Denn wenn in dieser Vorschrift, die an sich nur die Rechte der eigenen Staatsangehörigen, nicht auch der wohnberechtigten Ausländer betrifft, bestimmt ist, daß alle Staatsangehörigen bei der Zulassung zu öffentlichen Ämtern, Tätigkeiten und Ehrenstellungen einschließlich der militärischen Chargen sowie bei der Zulassung zu den öffentlichen Anstalten

brzmienia swego tylko o tyle, o ile nie uwłaczają temu specjalne postanowienia Konwencji. Należy tedy zbadać, czy Konwencja zawiera takie specjalne postanowienie, dotyczące prawa zamieszkania, któreby stało w drodze wydaniu powyższego orzeczenia, wydanego na zasadzie art. 43. Jako takie specjalne postanowienie wchodzi wedle stanu rzeczy w rachubę art. 82. Postanowienie to, którego treść wyżej podano łącznie z powołanym w nim artykułem 77, nie stoi atoli w drodze zastosowaniu art. 43 w wypadku niniejszym, przeciwnie potwierdza tylko wynik, do jakiego się doszło już na zasadzie art. 43.

Z powołania w art. 82 artykułu 77 wynika, że oba państwa kontraktujące Polska i Niemcy, przyjęły w Konwencji zobowiązanie traktowania uprawnionych do zachowania zamieszkania narówni z obywatelami własnymi przy dopuszczaniu do instytucji publicznych (en ce qui concerne l'admission aux établissements publics). Wnioskodawcy, którego magistrat w piśmie wypowiadającem mieni lekarzem kierującym miejskiego szpitala dziecięcego, powierzono w § 1 umowy z dnia 22 czerwca 1921 kierownictwo lekarskie poszczególnych zakładów miejskich: stacji chorych niemowląt i małych dzieci, szkoły pielęgniarek niemowląt, żłobków, kuchni mlecznych i ochronek dzieci. Instytucje te, ponieważ są miejskiemi zakładami gminnemi i służą publicznemu interesowi w dziedzinie opieki nad niemowlętami i małemi dziećmi są w rozumieniu art. 77 Konwencji instytucjami publicznemi, a dopuszczenie do nich, zapewnione jest uprawnionym do zachowania zamieszkania na mocy Konwencji.

Pod dopuszczeniem należy rozumieć nie tylko prawo korzystania z tych zakładów lecz także i prawo wykonywania czynności w tych zakładach. Wynika to jasno ze stylizacji art. 77. Jeśli bowiem w przepisie tym, określającym tylko prawa własnych obywateli, nie zaś cudzoziemców uprawnionych do zachowania zamieszkania, postanowiono, że wszyscy obywatele przy dopuszczaniu do urzędów publicznych, funkcji i urzędów honorowych nie wyłączając stopni wojskowych jakoteż przy dopuszczaniu do zakładów publicz-

gleichmäßig zu behandeln sind, so ist klar, daß das Wort Zulassung, soweit es sich um öffentliche Ämter, Tätigkeiten und Ehrenstellungen einschließlich der militärischen Chargen handelt, gerade die Übertragung einer Tätigkeit bedeutet. Man kann aber nicht demselben Worte, soweit es in Beziehung auf die öffentlichen Anstalten gebraucht ist, einen beschränkteren Sinn beilegen, indem man hier nur das Recht auf Benutzung der Anstalt darunter verstehen will. Die Unmöglichkeit einer solchen einengenden Auslegung erhellt überdies aus der Erwägung, daß, wenn Art. 77 allen Staatsangehörigen die Zulassung zu öffentlichen Ämtern, Tätigkeiten und Ehrenstellungen gewährleistet, nicht ersichtlich ist, warum nicht auch die Tätigkeit an öffentlichen Anstalten (nicht bloß deren Benutzung) allen Staatsangehörigen gewährleistet sein sollte. Denn die in Art. 77 übernommene Verpflichtung der gleichen Behandlung aller Staatsangehörigen bei der Zulassung zu öffentlichen Ämtern, Tätigkeiten und Ehrenstellungen beruht auf Art. 7 des Minderheitsvertrages vom 28. Juni 1919, der in Art. 67 des Abkommens übernommen ist, und dessen Ausführung Art. 77 dient. Dieser Verpflichtung gegenüber stellt aber die Zulassung zu öffentlichen Anstalten offenbar eine aus dem Gesichtspunkte des Staatsinteresses weniger wichtige Tätigkeit dar, die von der gleichmäßigen Behandlung aller Staatsangehörigen nicht ausgenommen werden konnte. Ist aber Art. 77, der von den Rechten der Staatsangehörigen handelt, dahin zu verstehen, daß die Zulassung zu den öffentlichen Anstalten auch die Tätigkeit an diesen begreift, so kann eine abweichende Auslegung nicht insoweit Platz greifen, als der von den wohnberechtigten Ausländern handelnde Art. 82 in seinen Bestimmungen auf Art. 77 Bezug nimmt.

Der polnische Staatsvertreter hat ausgeführt, daß die Tätigkeit des Antragstellers unter den Begriff „fonctions et emplois publics“ (öffentliche Ämter und Tätigkeiten) falle, von denen die Wohnberechtigten in Art. 82 ausdrücklich ausgeschlossen seien. Demgegenüber ist folgendes zu erwägen: Während der die Rechte der eigenen Staatsangehörigen betreffende Art. 77 allen Staatsangehörigen gleichmäßige Behandlung 1. bei der Zulassung zu öffentlichen Ämtern, Tätig-

nych będą równo traktowani, to jest jasne, że słowo „dopuszczenie“, o ile chodzi o urzędy publiczne, funkcje i urzędy honorowe nie wyłączając stopni wojskowych, oznacza właśnie powierzenie czynności. Nie można zaś temu samemu słowu, o ile ono dotyczy instytucji publicznych, nadawać znaczenia ścieśniającego i rozumieć tu tylko prawo korzystania z zakładów. Niemożliwość takiej interpretacji ścieśniającej wynika także z rozwagi, że jeśli w artykule 77 zapewniono wszystkim obywatelom dopuszczenie do urzędów i funkcji publicznych jakoteż do urzędów honorowych, nie uwidoczniono dlaczego nie miałoby być także zapewnione wszystkim obywatelom wykonywanie dzialalności w instytucjach publicznych (a nie tylko korzystania z nich). Przyjęte w art. 77 zobowiązanie równego traktowania wszystkich obywateli, o ile chodzi o dopuszczenie do urzędów publicznych, funkcji i urzędów honorowych, polega na art. 7 Konwencji o mniejszościach z dnia 28 czerwca 1919 r., który wstawiono w art. 67 Konwencji, zaś przepis wykonawczy mieści się w art. 77. W porównaniu z tem zobowiązaniem dopuszczenie do instytucji publicznych jest z punktu widzenia interesów państwowych czynnością mniej doniosłą, której nie można było wyłączyć przy równomiernem traktowaniu wszystkich obywateli. Jeśli zaś art. 77, stanowiący o prawach obywateli, należy w ten sposób rozumieć, że dopuszczanie do instytucji publicznych obejmuje także funkcje w tych instytucjach, to nie może być mowy o odmiennej interpretacji o tyle, o ile art. 82, zawierający postanowienie dotyczące cudzoziemców uprawnionych do zamieszkania w postanowieniach swoich powołuje się na przepis art. 77.

Przedstawiciel Państwa Polskiego wywiódł, że działalność wnioskodawcy podpada pod pojęcie „emplois et fonctions publics“ (urzędy publiczne i funkcje), od sprawowania których osoby uprawnione do zachowania zamieszkania są wedle art. 82 wyraźnie wyłączone. Przeciw zapatrywaniu temu zważyć należy co następuje: Podczas gdy art. 77, dotyczący praw własnych obywateli zapewnia równe traktowanie wszystkich obywateli 1) przy dopuszczaniu do

keiten und Ehrenstellungen einschließlich der militärischen Chargen, 2. bei der Zulassung zu den öffentlichen Anstalten, 3. bei der Erteilung von Qualifikationen, Diplomen und Auszeichnungen gewährleistet, wird in Art. 82 den Wohnberechtigten diese Zusicherung nur für die unter 2 und 3 aufgeführten Angelegenheiten gegeben, indem Art. 82 bei der Verweisung auf Art. 77 die Angelegenheiten der Ziff. 1 ausnimmt. Hierbei findet sich in dem Wortlaut des Art. 82 eine Abweichung der amtlichen deutschen Übersetzung von der maßgebenden französischen Fassung, insofern als der deutsche Text des Art. 82 nicht wie Art. 77 von öffentlichen Ämtern und Tätigkeiten, sondern nur von öffentlichen Ämtern spricht, während in der französischen Fassung der Wortlaut des Art. 82 insoweit mit dem des Art. 77 übereinstimmt. Auf diese Abweichung braucht aber im vorliegenden Falle nicht eingegangen zu werden. Denn wenn man auch in den deutschen Text das Wort „Tätigkeiten" hinter dem Wort „Ämtern" einfügt, so ist doch klar, daß die oben unter Ziff. 1 und 2 aufgeführten Tätigkeiten einander nicht notwendig ausschließen müssen. Auch die Tätigkeit an einer öffentlichen Anstalt ist eine öffentliche Tätigkeit im Sinne der Art. 77, 82, da sie im öffentlichen Dienst geschieht. Es wird aber im Art. 82 die Tätigkeit an öffentlichen Anstalten in Gegensatz gestellt zu der öffentlichen Tätigkeit, die in den Zweigen der eigentlichen Staatsverwaltung, sei es der unmittelbaren, sei es der den Selbstverwaltungskörpern übertragenen, ausgeübt wird. Wie es nun durchaus verständlich ist, daß Art. 77 die Zulassung zu beiderlei Tätigkeiten den eigenen Staatsangehörigen ohne Unterschied des Volkstums, der Sprache und der Religion gewährleistet, so leuchtet anderseits ohne weiteres ein, daß Art. 82 die Wohnberechtigten als Ausländer von der Zulassung zu Tätigkeiten in den Zweigen der eigentlichen Staatsverwaltung ausnimmt und ihnen nur die Zulassung zu Tätigkeiten an öffentlichen Anstalten zusichert.

Danach kommt es im vorliegenden Falle nicht darauf an, ob die Tätigkeit des Antragstellers unter den Begriff „öffentliche Ämter und Tätigkeiten" („fonctions et emplois publics") fällt, sondern darauf, ob sie sich als Zulassung zu einer öffentlichen Anstalt („admission aux établissements publics") dar-

urzędów publicznych, funkcji i urzędów honorowych, nie wyłączając stopni wojskowych, 2) przy dopuszczaniu do instytucji publicznych, 3) przy nadawaniu kwalifikacji, dyplomów i odznaczeń, dano w art. 82 zapewnienie takie osobom uprawnionym do zachowania zamieszkania tylko w zakresie spraw wymienionych pod liczbami 2 i 3, albowiem art. 82 wyłącza, powołując się na art. 77, sprawy pod L. 1 wyliczone. Urzędowe tłómaczenie niemieckie odbiega w tekście art. 82 od miarodajnego tekstu francuskiego, albowiem w tekście niemieckim w art. 82 odmiennie od art. 77 niema mowy o urzędach publicznych i funkcjach, lecz tylko o urzędach publicznych, podczas gdy w brzmieniu francuskiem tekst art. 82 zgadza się pod tym względem z tekstem art. 77. W wypadku niniejszym niema atoli potrzeby rozpatrywania odmienności tych tekstów. Jeśli się bowiem także w tekście niemieckim wstawi słowo „Tätigkeiten" po słowie „Aemtern", to jest przecież rzeczą jasną, że wymienione wyżej pod L. 1 i 2 czynności nie koniecznie muszą się wzajemnie wykluczać. Niemniej także i funkcje w instytucjach publicznych są funkcjami publicznemi w rozumieniu art. 77 i 82, albowiem dokonywa się ich w służbie publicznej. W art. 82 przeciwstawia się atoli funkcje w instytucjach publicznych funkcjom publicznym, wykonywanym w dziale właściwej administracji państwowej, czy to bezpośredniej, czy też przekazanej ciałom samorządnym. Tak, jak zupełnie zrozumiałem jest, że w art. 77 zapewniono obywatelom własnym dopuszczenie do obu funkcji, bez różnicy rasy, języka i religji, tak samo jest jasne, że w art. 82 wykluczono osoby uprawnione do zachowania zamieszkania jako cudzoziemców od dopuszczenia do funkcji we właściwej administracji państwowej a zapewniono im tylko dopuszczenie do funkcji w instytucjach publicznych. Nie chodzi więc w wypadku niniejszym o to, czy czynność wnioskodawcy podpada pod pojęcie „urzędów publicznych i funkcji" (emplois et fonctions publics) lecz o to, czy przedstawia się jako dopuszczenie do instytucji publicznych (admission aux établissements publics). Przy ocenie czynności wnioskodawcy ma przedewszystkiem znaczenie ta okoliczność, że

stellt. Bei der Beurteilung der Tätigkeit des Antragstellers ist nun zunächst von Bedeutung, daß durch den Vertrag vom 22. Juni 1921, wie § 7 ausdrücklich hervorhebt, und worin alle Beteiligten übereinstimmen, kein öffentlichrechtliches Beamtenverhältnis, sondern ein privatrechtliches Dienstverhältnis begründet worden ist, so daß hier nicht erörtert zu werden braucht, ob die Zulassung zu öffentlichen Anstalten auch die Anstellung als Beamter umfaßt. Weiter ist zu beachten, daß in § 1 des Vertrages dem Antragsteller nicht die gesamte Leitung, sondern nur die ärztliche Leitung der erwähnten städtischen Anstalten übertragen und zur Klarstellung hinzugefügt ist: „Er (d. h. der Antragsteller) ist der ärztliche Berater der Stadt in allen diesen Angelegenheiten. Seine Anträge werden durch den zuständigen Dezernenten, soweit erforderlich, an den Magistrat zur Beratung weitergeleitet". Dadurch ist im Vertrage klar zum Ausdruck gebracht, daß dem Antragsteller keine entscheidende, sondern nur eine beratende ärztliche Tätigkeit zugewiesen worden ist, während die Entscheidung bei dem dafür bestimmten Mitgliede des Magistrats oder bei dem Magistrat selbst lag.

Der polnische Staatsvertreter hat in der mündlichen Verhandlung eine zu Protokoll eines Magistratsrates vom 13. Oktober 1927 abgegebene Erklärung des Büroinspektors Przystolik vorgelegt, worin dieser angibt, daß der Antragsteller Kinder, die er bei der ärztlichen Untersuchung in seiner Wohnung oder auf der Kinderfürsorgestation als krankenhauspflegebedürftig befunden habe, dem städtischen Kinderkrankenhause überwiesen habe, ohne vorher die Zustimmung des Magistrats einzuholen, desgleichen gesunde Kinder vom Krankenhaus an die Krippe. Der Antragsteller habe dadurch den Magistrat vor vollendete Tatsachen gestellt, da dem Magistrat nur noch obgelegen habe, auf den Ersatz der durch die Aufnahme in das Krankenhaus oder in die Krippe entstandenen Kosten bedacht zu sein. Da Przystolik in dieser Erklärung selbst davon spricht, der Antragsteller habe durch die erwähnten Handlungen den Magistrat vor vollendete Tatsachen gestellt, liegt die Annahme nahe, daß der Antragsteller in diesem Falle nur vorbehaltlich der Genehmigung des Magistrats, dem die Entscheidung über die Aufnahme verblieb, gehandelt hat.

umową z dnia 22 czerwca 1921 nie ustanowiono, jak to wyraźnie zaznaczono w § 7 i w czem wszyscy interesowani są zgodni, żadnego publiczno-prawnego stosunku o charakterze urzędniczym, lecz stosunek służbowy prywatno-prawny, nie ma więc potrzeby rozstrząsania tutaj kwestji, czy dopuszczenie do instytucji publicznych obejmuje także przyjęcie w charakterze urzędnika. Dalej zważyć należy, że w § 1 umowy nie poruczono wnioskodawcy zupełnego kierownictwa, lecz tylko kierownictwo lekarskie wymienionych zakładów miejskich, a dla wyjaśnienia dodano: „Jest on (t. j. wnioskodawca) lekarskim doradcą miasta we wszystkich tych sprawach. Wnioski jego przedkłada w miarę potrzeby właściwy decernent pod obrady magistratu". W ten sposób jasno w umowie uwydatniono, że nie powierzono wnioskodawcy funkcji decydującej, lecz tylko czynność doradczą z punktu widzenia lekarskiego, zaś rozstrzygnięcie sprawy wchodzi w zakres działania wyznaczonego dla tych spraw członka magistratu, albo też magistratu samego.

Przedstawiciel Państwa Polskiego przedłożył podczas rozprawy ustnej protokolarne oświadczenie inspektora biura Przystolika, spisane dnia 13 października 1927 przez radcę magistratu, w którem tenże podaje, że wnioskodawca odsyłał dzieci uznane przez siebie po zbadaniu lekarskiem czy to w mieszkaniu swem czy też na stacji pieczy dziecięcej za potrzebujące pielęgnacji szpitalnej, wprost do miejskiego szpitala dziecięcego bez poprzedniego wyjednania zezwolenia magistratu, tak samo odsyłał zdrowe już dzieci z szpitala do żłobka. Wnioskodawca w ten sposób stwarzał dla magistratu fakt dokonany, albowiem magistrat troszczył się potem już tylko o ściąganie kosztów, powstałych z powodu przyjęcia dziecka do szpitala lub też do żłobka. Ponieważ Przystolik sam w oświadczeniu swem o tem mówi, że wnioskodawca stwarzał dla magistratu fakt dokonany, przyjąć należy, że wnioskodawca działał w wypadkach tych tylko z zastrzeżeniem następnego zatwierdzenia przez magistrat, do którego należała ostateczna decyzja w przedmiocie przyjęcia. Gdyby nawet było inaczej, to przecież dla oce-

Selbst wenn es sich aber anders verhalten sollte, so ist doch für die Beurteilung der Tätigkeit des Antragstellers maßgebend, welche Obliegenheiten ihm in dem Vertrage überwiesen sind, nicht aber eine etwaige eigenmächtige Überschreitung der vertraglichen Befugnisse. Die Bestimmungen des Vertrages zeigen aber, daß dem Antragsteller keine entscheidende Verwaltungstätigkeit, insbesondere nicht die Entscheidung über die Aufnahme in die städtischen Anstalten, sondern nur die ärztliche Beratung in diesen Angelegenheiten zustand. Wenn Przystolik weiter als Verwaltungshandlungen des Antragstellers die Beurlaubung und Entlassung von Krankenschwestern anführt — was der Antragsteller mit dem Hinweis bestreitet, daß es sich in den angezogenen Fällen um Ordensschwestern gehandelt habe, die allein der Verfügung ihres Ordens unterstanden hätten — so ist auch hier entscheidend, daß der Antragsteller nach § 2 des Vertrages lediglich der ärztliche Vorgesetzte der Schwestern, Helferinnen und Schülerinnen war, und daß ihm nur die Einteilung des inneren Dienstes oblag.

Der polnische Staatsvertreter hat unter den Obliegenheiten des Antragstellers besonders hervorgehoben, daß der Antragsteller auch zum Leiter der staatlich anerkannten Säuglingspflegerinnenschule bestellt worden ist, als welcher er nach § 2 des Vertrages den Schriftverkehr zu führen, den Unterricht zu organisieren und zu leiten und die Prüfung vorzubereiten hatte, ferner, daß der Antragsteller auch Mitglied des Prüfungsausschusses dieser Schule war, und er hat ein von dem Antragsteller unterschriebenes Prüfungszeugnis vom 28. März 1923 vorgelegt. Dieses Zeugnis beweist indessen die Richtigkeit der Behauptung des Antragstellers, daß die von der Stadt Kattowitz errichtete Säuglingspflegerinnenschule, die vor dem Wechsel der Staatshoheit staatlich anerkannt war, dies unter der polnischen Staatshoheit nicht mehr ist. Denn das Prüfungszeugnis bescheinigt nur, daß die Genannte in allgemeiner Kranken- und spezieller Säuglingspflege als Schülerin des städtischen Kranken- und Kinderkrankenhauses ausgebildet worden ist und die Prüfung als Säuglingsschwester bestanden hat. Dies zeigt, daß die Schule, deren Leitung dem Antragsteller übertragen war, vom polnischen Staate nicht anerkannt

nienia czynności wnioskodawcy miarodajnym jest fakt, jakie obowiązki przekazano mu w umowie, a nie fakt, czy ewentualnie samowolnie przekroczył swe uprawnienia, z umowy wynikające. Postanowienia umowy wykazują atoli, że wnioskodawcy nie powierzono czynności administracyjnej decydującej, w szczególności decyzji w przedmiocie przyjmowania do miejskich zakładów, lecz tylko poradę lekarską w tych sprawach. Jeśli Przystolik w dalszym ciągu wymienia jako czynności administracyjne wnioskodawcy urlopowanie i zwalnianie sióstr-pielęgniarek, czemu wnioskodawca przeczy, powołując się na to, że chodziło w tych wypadkach o siostry zakonnice, które podlegały jedynie zarządzeniom zakonu swego, — to także i w tym wypadku jest decydującem, że wnioskodawca wedle § 2 umowy był tylko lekarskim przełożonym sióstr, pomocnic i uczennic i że do niego należał jedynie rozdział służby wewnętrznej.

Przedstawiciel Państwa Polskiego z zakresu obowiązków wnioskodawcy szczególnie to uwydatnił, że wnioskodawcę ustanowiono także kierownikiem uznanej przez Państwo szkoły pielęgniarek niemowląt, dalej że jako kierownik tej szkoły miał wedle § 2 umowy prowadzić korespondencję, zorganizować naukę i nią kierować oraz przygotowywać egzaminy, wreszcie że był także członkiem komisji egzaminacyjnej tej szkoły i przedłożył świadectwa z egzaminu z dnia 23 marca 1923, podpisane przez wnioskodawcę. Świadectwo to jednak wykazuje słuszność twierdzenia wnioskodawcy, że założona przez miasto Katowice szkoła pielęgniarek niemowląt, która przed zmianą suwerenności była szkołą uznaną przez państwo, obecnie pod suwerennością polską już tego charakteru niema. Świadectwo to zaświadcza jedynie, że wymieniona w niem osoba otrzymała jako uczennica miejskiego szpitala dziecięcego wyszkolenie w zakresie ogólnej pielęgnacji chorych jako i w specjalnej pielęgnacji niemowląt i że złożyła egzamin jako pielęgniarka niemowląt. Okazuje się z tego, że państwo polskie nie uznało tej szkoły, której kierownictwo było powierzone wniosko-

ist, und daß sie demgemäß nicht mehr Säuglingspflegerinnen, sondern nur Säuglingsschwestern ausbildet. Das Prüfungszeugnis ist auch außer von dem Antragsteller nur noch von einem Magistratsmitgliede unterschrieben, während nach dem ebenfalls vom polnischen Staatsvertreter überreichten Erlaß des Preußischen Ministers für Volkswohlfahrt vom 24. September 1917 der Prüfungsausschuß der damals staatlich anerkannten Säuglingspflegerinnenschule unter dem Vorsitz eines Mitgliedes der Bezirksregierung stand. Der Antragsteller hat daher mit Recht darauf hingewiesen, daß die Schule nach dem Wechsel der Staatshoheit mangels Anerkennung des polnischen Staates rechtlich keine andere Bedeutung hatte als eine Privatschule.

In dem Vertrage vom 22. Juni 1921 ist dem Antragsteller auch die ärztliche Leitung der sogenannten offenen Säuglingsfürsorge, des Ziehkinderwesens und der Mutterberatungsstelle überwiesen. Hierbei handelt es sich um Tätigkeiten, die zwar nicht notwendig mit der Tätigkeit an den städtischen Säuglings- und Kleinkinderanstalten verbunden zu sein brauchen, die aber im vorliegenden Falle mit ihr verbunden sind und mit ihr in so engem Zusammenhange stehen, daß man sie im vorliegenden Falle unbedenklich zu ihr rechnen kann.

Überblickt man danach den Kreis der dem Antragsteller durch den Vertrag vom 22. Juni 1921 übertragenen Tätigkeiten, so kommt man zu dem Ergebnis, daß ihm im wesentlichen eine ärztliche Tätigkeit oblag. Man kann daher nicht sagen, daß seine Tätigkeit über den Rahmen der durch die Zulassung zu öffentlichen Anstalten in Art. 82 gewährleisteten Tätigkeit hinausging.

Aus den vorstehenden Gründen ist dem Antragsteller darin beizutreten, daß der Magistrat in Kattowitz durch die wegen des Mangels der polnischen Staatsangehörigkeit ausgesprochene Kündigung sowohl die allgemeine Vorschrift des Art. 43 als auch die Sondervorschrift des Art. 82 verletzt hat. Eine Verletzung dieser Vorschriften liegt aber auch darin, daß der das Amt des Oberbürgermeisters ausübende Stadtpräsident in Kattowitz es unterlassen hat, den gesetzwidrigen Beschluß des Magistrats zu beanstanden, und schließlich auch darin, daß die

dawcy i że nie wykształca już pielęgniarek niemowląt lecz tylko siostry. Świadectwo z egzaminu oprócz podpisu wnioskodawcy zaopatrzone jest tylko w podpis członka magistratu, podczas gdy wedle przedłożonego również przez Przedstawiciela Państwa Polskiego reskryptu pruskiego ministra opieki społecznej z dnia 24 września 1917 przewodniczącym komisji egzaminacyjnej uznanej wówczas przez rząd szkoły pielęgniarek niemowląt był członek regencji okręgowej. Słusznie tedy wnioskodawca wskazał na to, że szkoła ta po zmianie suwerenności dla braku uznania ze strony Państwa Polskiego nie miała ze stanowiska prawnego innego znaczenia jak szkoła prywatna.

W umowie z dnia 22 czerwca 1921 przekazano wnioskodawcy także kierownictwo lekarskie opieki t. zw. pozazakładowej nad niemowlętami, dziećmi wychowańcami jakoteż i stacjami porady matek. Chodzi tu o czynności, które nie koniecznie muszą się łączyć z funkcjami w miejskich zakładach dla niemowląt i małych dzieci, które to czynności jednak w wypadku niniejszym były z niemi połączone i pozostają w związku tak ścisłym, że można je bezprzecznie do nich zaliczyć.

Zestawiwszy więc zakres poruczonych wnioskodawcy funkcji na podstawie umowy z dnia 22 czerwca 1921, dochodzi się do wyniku, że wnioskodawca sprawował głównie czynności lekarskie. Nie można tedy twierdzić, że działalność jego przekraczała granice funkcji, które wskutek dopuszczenia do instytucji publicznych zostały zapewnione w art. 82.

Z wyżej wymienionych powodów należy przychylić się do zapatrywania wnioskodawcy w tym kierunku, że magistrat w Katowicach przez wypowiedzenie z powodu braku obywatelstwa polskiego naruszył zarówno przepis ogólny art. 43 jak też i przepis szczegółowy art. 82. Przepisy te naruszono także przez to, że Prezydent miasta Katowic, pełniący funkcje starszego burmistrza, nie zakwestjonował uchwały magistratu sprzeciwiającej się ustawie, a wreszcie przez to, że Województwo Śląskie mimo zażalenia wnioskodawcy

Wojewodschaft von Schlesien trotz der Beschwerde des Antragstellers ein Eingreifen abgelehnt hat. In dieser Hinsicht wird auf die Darlegungen über Art. 59 des Abkommens bei Erörterung der Zuständigkeit verwiesen. Es kommt daher nicht mehr darauf an, ob die Wojewodschaft, wie der deutsche Staatsvertreter behauptet hat, den Magistrat sogar zu der Kündigung veranlaßt hat, und es bedarf nicht der Erhebung des hierfür angebotenen Zeugenbeweises.

Ob dem Magistrat noch andere Kündigungsgründe als der in dem Schreiben vom 1. Februar 1927 angegebene zur Seite stehen, insbesondere mangelhafte polnische Sprachkenntnisse des Antragstellers, wie der polnische Staatsvertreter behauptet hat, ist im vorliegenden Verfahren unerheblich, da hier nur die Maßnahme des Magistrats, wie sie getroffen worden ist, der Beurteilung unterzogen werden kann.

Aus diesen Gründen rechtfertigt sich die vom Schiedsgericht getroffene Entscheidung, daß die Kündigung Rechte verletzt, die dem Antragsteller als Wohnberechtigtem zustehen. Soweit dagegen der Antragsteller in dem Antrage zugleich die Feststellung der Rechtsunwirksamkeit der Kündigung begehrt hat, kann seinem Antrage nicht entsprochen werden, da das Schiedsgericht für eine solche Feststellung nicht zuständig ist.

Durch diese Entscheidung findet zugleich der vom Antragsteller nebenher gestellte Antrag auf Erlaß einer einstweiligen Entscheidung seine Erledigung, da das Schiedsgericht in der Lage war, alsbald die endgiltige Entscheidung zu erlassen und die Formel dieser Entscheidung den Beteiligten bereits am 15. Oktober 1927 zuzustellen.

---

7. Halamoda betr. Staatsangehörigkeit.
Art. 29 des Genfer Abkommens.

Entscheidung vom 23. März 1928. St. 7/27.

Anton Halamoda ist als deutscher Staatsangehöriger anzuerkennen.

odmówiło swej ingerencji. Co do tego przedmiotu wskazuje się na wywody dotyczące art. 59 Konwencji przy omawianiu właściwości. Wobec tego niema znaczenia, czy Województwo, jak to twierdził Przedstawiciel Państwa Niemieckiego, nawet samo spowodowało magistrat do wypowiedzenia, niema też potrzeby prowadzenia dowodu na to zaofiarowanego.

Czy magistrat może powołać inne jeszcze powody wypowiedzenia, jak ten, który podał w piśmie z dnia 1 lutego 1927 r., w szczególności brak dostatecznej znajomości języka polskiego, jak to twierdził Przedstawiciel Państwa Polskiego, jest dla postępowania niniejszego bez znaczenia, ponieważ przedmiotem obecnego rozpatrywania może być tylko zarządzenie magistratu, tak jak je wydano.

Z powodów tych uzasadnione jest orzeczenie Trybunału Rozjemczego, że wypowiedzenie narusza prawa, które przysługują wnioskodawcy jako uprawnionemu do zamieszkania. O ile atoli wnioskodawca we wniosku swym żąda zarazem ustalenia, że wypowiedzenie nie ma skutków prawnych, żądaniu temu zadość uczynić nie można, ponieważ Trybunał Rozjemczy nie jest właściwy do takiego ustalenia.

Orzeczenie niniejsze załatwia również uboczny wniosek wnioskodawcy o wydanie orzeczenia tymczasowego, ponieważ Trybunał Rozjemczy mógł niezwłocznie wydać orzeczenie ostateczne i doręczyć osnowę tego orzeczenia stronom zainteresowanym już dnia 15 października 1927 r.

---

7. Halamoda o uznanie obywatelstwa.

Art. 29 Konwencji Genewskiej.

Orzeczenie z dnia 23. marca 1928 r. St. 11/27.

Antoniego Halamodę należy uznać za obywatela niemieckiego.

Begründung.

Der Landrat in Ratibor hat die deutsche Staatsangehörigkeit des Halamoda aus dem Grunde bestritten, weil er am Tage des Überganges der Staatshoheit seinen Wohnsitz im polnischen Teile des Abstimmungsgebietes gehabt habe, demnach gemäß Art. 25 des deutsch-polnischen Abkommens über Oberschlesien vom 15. Mai 1922 von Rechts wegen die polnische Staatsangehörigkeit unter Verlust der deutschen erworben habe.

Halamoda dagegen behauptet, er habe seinen Wohnsitz in Bresnitz im deutschen Teile des Abstimmungsgebietes nicht dadurch aufgegeben, daß er zur Zeit des Überganges der Staatshoheit in der im polnischen Teile des Abstimmungsgebietes gelegenen Charlottengrube in Arbeit gestanden habe, er habe demnach die ihm nach seiner Abstammung zukommende deutsche Staatsangehörigkeit nicht verloren.

Als gegen Halamoda beim Amtsgerichte Ratibor Strafantrag wegen Paßvergehens nach der Verordnung vom 6. April 1923, RGBl. S. 249, gestellt wurde, weil er polnischer Staatsangehöriger sei, weder den erforderlichen Paß noch die Aufenthaltsgenehmigung besitze und sich in Bresnitz aufhalte, stellte er beim Amtsgericht den Antrag auf Aussetzung des Verfahrens bis die Schlichtungsstelle für Staatsangehörigkeitsfragen über seine Staatsangehörigkeit entschieden habe. Die Schlichtungsstelle erklärte am 21. März 1927, daß sie diesen Streitfall nicht beilegen könne, daraufhin beantragte Halamoda diese Angelegenheit dem Schiedsgericht für Oberschlesien gemäß Art. 58 Abs. 1 des Genfer Abkommens zur Entscheidung vorzulegen.

Auf Grund der zu den Akten gelegten Urkunden, der Angaben des Halamoda und der vom Schiedsgericht vernommenen Zeugen wird folgender Sachverhalt festgestellt:

Halamoda wurde am 12. Januar 1880 in Niedane, Kreis Ratibor, als ehelicher Sohn des preußischen Staatsangehörigen Johann Halamoda geboren. Von der Geburt wohnte er bei seinen Eltern zunächst in Niedane, dann in Bresnitz. Er lernte das Ofensetzergewerbe in Ratibor und verblieb dort auch noch als Geselle. Als später sein älterer Bruder nach dem Tode

Uzasadnienie.

Landrat w Raciborzu nie uznał niemieckiego obywatelstwa Halamody dlatego, ponieważ tenże w czasie przejścia suwerenności miał swoje zamieszkanie w polskiej części obszaru plebiscytowego, w obec czego po myśli artykułu 25 polsko — niemieckiej Konwencji Górnośląskiej z dnia 15. maja 1922 nabył z samego prawa obywatelstwo polskie a utracił obywatelstwo niemieckie.

Halamoda zaś utrzymuje, że nie opuścił swego zamieszkania (domicylu) w Bresnitz w niemieckiej części obszaru plebiscytowego na tej zasadzie, iż w czasie przejścia suwerenności pracował w kopalni „Charlotte", położonej w polskiej części obszaru plebiscytowego, dlatego też nie utracił obywatelstwa niemieckiego, przysługującego mu na zasadzie pochodzenia.

Gdy w sądzie powiatowym w Raciborzu złożono przeciw Halamodzie wniosek o ukaranie go za występek paszportowy wedle rozporządzenia z dnia 6. kwietnia 1923 r. Dz. Ust. Rzesz. Niem. str. 249 dlatego, ponieważ jest obywatelem polskim, nie posiada przepisanego paszportu ani też zezwolenia na pobyt a przebywa w Bresnitz, złożył Halamoda w sądzie powiatowym wniosek o przerwę postępowania do czasu, aż Komisja polubowna dla spraw obywatelstwa rozstrzygnie kwestję jego obywatelstwa. Komisja Polubowna oświadczyła dnia 21. marca 1927 r, że nie może usunąć trudności tej sprawy, w obec tego Halamoda złożył wniosek o przedłożenie sprawy tej po myśli ust. 1 art. 58 Konwencji Genewskiej Trybunałowi Rozjemczemu do rozstrzygnięcia.

Na podstawie dokumentów, złożonych do aktów, oświadczeń Halamody i zeznań świadków, zbadanych przez Trybunał Rozjemczy, ustala się następujący stan sprawy:

Halamoda urodził się dnia 12. stycznia 1880 w Niedanej pow. Raciborz, jako ślubny syn pruskiego obywatela Jana Halamody. Od urodzenia pozostawał w domu swoich rodziców najpierw w Niedanej, następnie w Bresnitz. W Raciborzu wyuczył się zduństwa i przebywał tam dalej jako czeladnik. Gdy później po śmierci ojca jego starszy brat objął gospo-

des Vaters die väterliche Wirtschaft übernommen hatte, kehrte Halamoda noch vor Ausbruch des Weltkrieges auf die Wirtschaft zurück und half seinem Bruder, der verkrüppelt ist, zugleich mit den beiden Schwestern in der Führung der Wirtschaft. Nebenbei war er nach Bedarf im Dorfe und in der Umgegend für eigene Rechnung als Ofensetzer tätig. Sämtliche vier Geschwister blieben ledig.

Als der polnische Aufstand im Mai 1921 ausbrach, verließ er Bresnitz, um sich am Aufstande zu beteiligen. Nach dem Aufstande fand er Arbeit in der Charlottengrube in Polnisch-Oberschlesien und stand dort auch am Tage des Überganges der Staatshoheit, d. i. am 16. Juni 1922, in Arbeit bis zu seiner Entlassung im Jahre 1924. Während dieser Zeit wohnte er zunächst in Radeschau bei der Witwe Dzierzawa, seit dem Jahre 1922 in Gaschowitz bei Lazar. Zusammen mit anderen Arbeitern mietete er eine Stube und zahlte seine Miete. Die Lebensmittel jedoch, nämlich Brot, Mehl, Butter, Fleisch holte er sich aus dem gemeinschaftlichen Haushalte in Bresnitz, wohin er regelmäßig jeden Sonnabend fuhr, die freie Zeit bei der Familie verbrachte und auch hie und da bei der Wirtschaft aushalf. Seine Wäsche brachte er nach Hause. Seine sämtlichen Verwandten wohnen im deutschen Teil Oberschlesiens, im polnischen Teile hatte er keine persönlichen Beziehungen.

Die Entscheidung darüber, ob Halamoda infolge Abtretung Polnisch-Oberschlesiens die deutsche Staatsangehörigkeit verloren und die polnische Staatsangehörigkeit erworben hat, hängt davon ab, wo Halamoda am Tage des Überganges der Staatshoheit d. i. am 15. Juni 1922, seinen Wohnsitz hatte. Hierbei kommt nicht ein Wohnsitzbegriff des deutschen oder des polnischen Rechtes, noch vielweniger ein Begriff des bloßen Wohnens oder Sich-Aufhaltens in Frage, sondern ein Wohnsitzbegriff eigener Art, der im Hinblick auf die besonderen Verhältnisse Oberschlesiens durch Art. 29 des Genfer Abkommens geschaffen worden ist.

Nach der Begriffsbestimmung dieses Artikels gilt als Wohnsitz le principal endroit de concentration von vier bestimmten Arten von Verhältnissen, nämlich folgender Ver-

darstwo ojcowskie, wrócił Halamoda jeszcze przed wybuchem wojny światowej na gospodarstwo i pomagał swemu bratu, który jest kaleką, wraz z swojemi obiema siostrami w prowadzeniu gospodarstwa. Oprócz tego zajmował się wedle potrzeby we wsi i w okolicy na własny rachunek zduństwem. Wszyscy czworo rodzeństwa nie weszli w związek małżeński. Gdy w roku 1921 wybuchło powstanie polskie, Halamoda opuścił Bresnitz, aby wziąć udział w powstaniu. Po powstaniu znalazł pracę w kopalni „Charlotte" w polskiej części Górnego Śląska i pracował w niej także w czasie przejścia suwerenności, t. j. dnia 16. czerwca 1922 r. aż do zwolnienia go w roku 1924. W czasie tym mieszkał najpierw w Radoszowie u wdowy Dzierżawy, a od r. 1922 w Gaszowicach u gospodarza Lazara. Razem z innymi robotnikami wynajął sobie izbę i płacił czynsz. Pożywienie zaś, a mianowicie chleb, masło, mąkę i mięso przynosił sobie z wspólnego gospodarstwa domowego z Bresnitz, dokąd się regularnie każdą sobotę udawał, wolny czas od pracy spędzał wśród swojej rodziny i pomagał od czasu do czasu także w gospodarstwie. Bieliznę swoją przynosił do domu. Wszyscy jego krewni mieszkają w niemieckiej części Górnego Śląska, w polskiej części nie miał żadnych osobistych stosunków.

Rozstrzygnięcie kwestji, czy Halamoda wskutek odstąpienia polskiej części Górnego Śląska utracił obywatelstwo niemieckie a nabył obywatelstwo polskie, zależy od tego, gdzie Halamoda miał zamieszkanie (domicyl) w czasie przejścia suwerenności, t. j. dnia 15. czerwca 1922 r. Niema tu zastosowania pojęcie zamieszkania wedle prawa niemieckiego lub polskiego ani też pojęcie samego posiadania mieszkania lub też przebywania, lecz pojęcie zamieszkania szczególnego rodzaju, które określono ze względu na szczególne stosunki istniejące na Górnym Śląsku, w artykule 29 Konwencji Genewskiej.

Wedle definicji podanej w tym artykule uważa się za zamieszkanie „Le principal endroit de concentration" czterech rodzajów stosunków a mianowicie stosunków następujących:

hältnisse: activités personnelles, intérêts personnels, activités écononomiques, intérêts économiques.

Liegen solche Verhältnisse der Person an mehreren Orten vor, so entscheidet also der Ort, der als „principal“ angesprochen werden muß, das ist derjenige, an welchem jene Verhältnisse hauptsächlich vorliegen.

Um einen von mehreren Orten als „principal endroit“ anzusprechen, ist aber nicht erforderlich, daß sich an diesem Ort der Hauptteil von jeder der vier obenbezeichneten Arten von Lebensverhältnissen befindet, vielmehr sind diese vier Arten als eine Einheit aufzufassen und es kommt darauf an, an welchem Orte der Hauptteil dieser Einheit sich befindet. Hierbei ist es nicht als der Sinn des Abkommens zu erachten, daß die wirtschaftlichen und die persönlichen Verhältnisse lediglich einander gegenübergestellt werden und allgemein, sei es diesen, sei es jenen der Vorzug gegeben wird. Es ist vielmehr im einzelnen Falle die Gesamtheit der wirtschaftlichen und der persönlichen Verhältnisse ins Auge zu fassen und alsdann unter Berücksichtigung aller Umstände des Falles zu entscheiden, ob an einem von den mehreren Orten der Hauptteil der Gesamtheit dieser Lebensverhältnisse vorliegt, so daß diesem Ort ein Übergewicht über die anderen zukommt. Ob die Person ihrer Pflicht der polizeilichen An- oder Abmeldung genügt hat, ist hierbei nicht von ausschlaggebender Bedeutung.

In vorliegendem Falle kann derjenige Ort, an welchem Halamoda lediglich arbeitete und einen Unterkunftsraum hatte, nicht als „principal endroit“ seiner Lebensverhältnisse gelten, der Schwerpunkt seiner persönlichen und wirtschaftlichen Verhältnisse lag vielmehr in seiner Heimat, wo er seine Geschwister hatte, die gemeinsame Wirtschaft betrieb und regelmäßig jede freie Zeit verbrachte. Sein Wohnsitz zur Zeit des Überganges der Staatshoheit verblieb im deutschen Teile des Abstimmungsgebietes, es ist demnach kein Staatsangehörigkeitswechsel auf Grund der Bestimmung des Art. 25 § 1 Abs. 1 des Genfer Abkommens eingetreten.

activités personelles, intérêts personnels, activités économiques, intérêts économiques.

Jeżeli stosunki te pewnej osoby istnieją w kilku miejscowościach, wówczas rozstrzyga miejscowość, którą można uważać za „principal", t. j. ta miejscowość, w której stosunki te w przeważającej części istnieją.

Aby jedną z więcej miejscowości można uznać za „principal" endroit nie jest jednak konieczne, aby w tej miejscowości znajdywała się główna część z każdego rodzaju tych czterech wyżej wymienionych stosunków, należy raczej cztery te rodzaje uważać za całość i chodzi o to, w jakiej miejscowości znajduje się główna część tej całości. Przy tem ocenieniu nie można Konwencji nadawać tego znaczenia, jakoby należało jedynie przeciwstawić stosunki gospodarcze stosunkom osobistym i w ogólności albo jednym albo drugim dać pierwszeństwo. W poszczególnym wypadku należy raczej wziąć pod uwagę całość stosunków gospodarczych i osobistych a następnie przy uwzględnieniu wszystkich okoliczności wypadku, rozstrzygnąć, czy w jednej z kilku miejscowości istnieje główna część całości tych stosunków, tak że w tej miejscowości istnieje przewaga w porównaniu do innych. Czy osoba dana uczyniła zadość swemu obowiązkowi zameldowania się lub odmeldowania się w urzędzie policyjnym niema decydującego znaczenia.

W danym wypadku nie można owej miejscowości, w której Halamoda jedynie pracował i miał swój przytułek, uważać za „principal endroit" jego stosunków, — ośrodek jego stosunków osobistych i gospodarczych leżał raczej w jego ojczyźnie, gdzie żyło jego rodzeństwo, gdzie prowadził wspólne gospodarstwo i regularnie w wolnym czasie przebywał. Jego zamieszkanie (domicyl) pozostało nadal w czasie przejścia suwerenności w niemieckiej części obszaru plebiscytowego, wobec tego nie nastąpiła zmiana obywatelstwa na zasadzie przepisu § 1 ustępu 1 artykułu 25 Konwencji Genewskiej.